9787550912588
U0880476

土力学与地基基础试验指导书

主　编　陈元勇　李和志
副主编　聂　堃　唐友山　李　艳
主　审　胡　森

黄河水利出版社
·郑州·

目 录

第一章 试样的制备与饱和

一、试样的制备

试样的制备是获得一定条件下试验结果的前提，为保证试验结果的可靠性以及试验数据的可比性，应具备统一的试样制备方法和程序。试样的制备可分为原状土试样的制备和扰动土试样的制备。

（一）细粒土扰动土样制备

（1）对扰动土样进行描述，如颜色、土类、气味及夹杂物等，如有需要，将扰动土样充分拌匀，取代表性土样进行含水率测定。

（2）将块状扰动土样用木碾或粉碎机碾散，但切勿压碎颗粒，如含水率较大不能碾散，应风干至可碾散。

（3）根据试验所需土样数量，将碾散后的土样过筛。按规定过标准筛后，取出足够数量的代表性试样，然后分别装入容器内，贴以标签。标签上应注明工程名称、土样编号、过筛孔径、用途、制备日期和人员等，以备各项试验之用。若是含有较多粗砂及少量细粒土（泥沙或黏土）的松散土样，应加水润湿松散后，用四分法取出代表性试样；若是净砂，则可用匀土器取代表性试样。

（4）为配制一定含水率的试样，取过筛的足够试验用的风干土样，计算所需的加水量；然后将所取土样平铺于不吸水的盆内，用喷雾设备喷洒预计的加水量，并充分拌和，然后装入容器内盖紧，润湿一昼夜备用（砂类土浸润时间可酌情缩短）。

（5）测定湿润土样不同位置的含水率（至少两个以上），要求差值满足含水率测定的允许平行差值。

（6）对不同土层的土样制备混合试样时，应根据各土层厚度，按比例计算相应质量配合，然后按以上第（1）~（4）步进行扰动土样的制备工序。

（二）扰动土样制备计算

（1）按式（1-1）计算风干土质量：

$$m_s = \frac{m}{1 + \omega_h} \tag{1-1}$$

式中　m_s——干土样质量，g；

m——风干土样质量（或天然土质量），g；

ω_h——风干含水率（或天然含水率）（%）。

(2)按式(1-2)计算制备土样所需加水量:

$$m_w = \frac{m}{1+\omega_h} \times (\omega - \omega_h) \tag{1-2}$$

式中 m_w——土样所需加水量,g;

m——风干含水率时的土样质量,g;

ω_h——风干含水率(%);

ω——土样所要求的含水率(%)。

(3)按式(1-3)计算制备扰动土样所需总土质量:

$$m = (1+\omega_h)\rho_d V \tag{1-3}$$

式中 m——制备扰动土样所需总土质量,g;

ω_h——风干含水率(%);

ρ_d——制备土样所要求的干密度,g/cm^3;

V——计算出击实土样或压模土样体积,cm^3。

(4)按式(1-4)计算制备扰动土样应增加的水量:

$$\Delta m_w = (\omega - \omega_h)\rho_d V \tag{1-4}$$

式中 Δm_w——制备扰动土样应增加的水量,g;

其余符号意义同前。

(三)粗粒土扰动土样制备

(1)无黏聚性的松散砂土、砂砾及砾石等按规定制备土样,然后取有代表性足够试验用的土样做颗粒分析使用,其余过 5 mm 筛,筛上、筛下土样分别储存,供做比重及最大孔隙比、最小孔隙比等试验用,取一部分过 2 mm 筛的土样制备力学性质试验之用。

(2)如砂砾土有部分黏土黏附在砾石上,可用毛刷仔细刷尽捏碎过筛,或先用水浸泡,然后用 2 mm 筛将浸泡过的土样在筛上冲洗,取筛上、筛下具有代表性的试样做颗粒分析用。

(3)将过筛土样或冲洗下来的土浆风干至碾散,再按细粒土扰动土样制备过程的第(1)~(4)步操作。

(四)扰动土样试件制备

扰动土样试件制备可根据工程需要采用击实法或压样法。

1. 击实法

(1)根据工程要求,选用相应的夯击功进行击实。

(2)按试件所要求的干质量、含水率,制备湿土样,并称制备好的湿土样质量,精确至 0.1 g。

(3)将试验用的切土环刀内壁涂一薄层凡士林,刀口向下,放在试件上,用切土刀将试件削成略大于环刀直径的土柱。然后将环刀垂直向下压,边压边削,至土样伸出环刀上部,削平环刀两端,擦净环刀外壁,称环刀和土的合质量,精确至 0.1 g,并测定环刀两端所削下土样的含水率。

(4)试件制备应尽量迅速,以免水分蒸发。

(5)试件制备的数量视试验需要而定,宜多制备 1~2 组备用,同一组试件或平行试件的密度、含水率与制备标准之差值,应分别在±0.1 g/cm^3 或 2%范围之内。

2. 压样法

(1)按击实法第(2)步的规定,将湿土样倒入压模内,拂平土样表面,以静压力将土压至一定高度,用推土器将土样推出。

(2)按击实法第(3)~(5)步的规定进行操作。

(五)原状土试件制备

按土样上下层次小心开启原状土包装,将土样取出放正,整平两端。在环刀内壁涂一薄层凡士林,刀口向下,放在土样上,无特殊要求时,切土方向与天然土层层次垂直。

按击实法的第(3)步切取试件,试件与环刀要密合,否则应重取。

切削过程中,应细心观察并记录试件的层次、气味、颜色,有无杂质,土质是否均匀,有无裂缝等。

如连续切取数个试件,应保证含水率不发生变化。

视试件本身及工程要求,决定试件是否进行饱和,如不立即进行试验或饱和,则将试件暂存于保湿器内。

切取试件后,剩余的原状土样用蜡纸包好置于保湿器内,以备补做试验之用。切削的余土进行物理性试验。平行试验或同一组试件密度差值不大于±0.1 g/cm^3,含水率差值不大于 2%。

冻土制备原状土样时,应保持原土样温度,保持土样的结构和含水率不变。

二、化学试验的土样制备

把土样平铺在搪瓷盘、木板或厚纸上,摊成薄层,放于室内阴凉通风处风干,不时翻拌,并将大块土捏散,促使均匀风干。风干场所力求干燥清洁,并要防止酸碱蒸气的侵蚀和尘埃落入。

风干土样用木棍压碎,仔细检查砂砾,过 2 mm 孔径的筛,筛出土块重新压碎,使全部通过。过筛后的土样经四分法缩减至 200 g 左右,放在瓷研钵中研细,使其全部通过 1 mm 的筛子,取其中 3/4(用二次四分法,每次取一半)供一般化学试验用。其余 1/4 重研细,使全部通过 0.5 mm 筛子,由四分法分出 1/2,置于 105~110 ℃烘箱中烘至恒重,储于干燥器中,供碳酸盐等分析用。剩余 1/2,压成扁平薄层,划成许多小方格,用角匙按分格规律均匀挑取样品 10 g 左右,放入玛瑙研钵中仔细研碎,使其全部通过 0.1 mm 筛子,最后在 105~110 ℃烘箱中烘 8 h,放在干燥器内,供矿质成分全量分析用。

三、试样的饱和

根据土的性质,确定饱和方法:

砂类土：可直接在仪器内浸水饱和。

较易透水的黏性土：当渗透系数大于 10^{-4} cm/s 时，采用毛细管饱和法较为方便，或采用浸水饱和法。

不易透水的黏性土：当渗透系数小于 10^{-4} cm/s 时，采用真空饱和法。如土的结构性较弱，抽气可能发生扰动，则不宜采用。

四、毛细管饱和法

(一)仪器设备

(1)饱和器：见图 1-1～图 1-3。

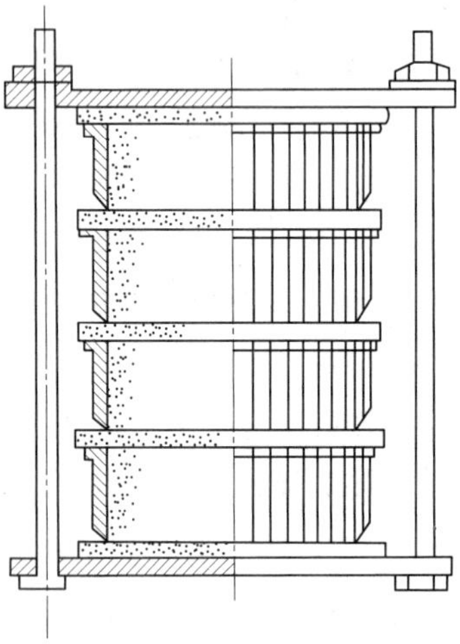

图 1-1　重叠式饱和器

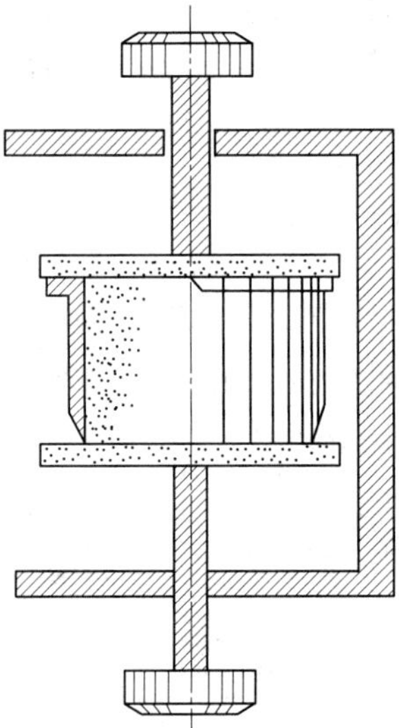

图 1-2　框架式饱和器

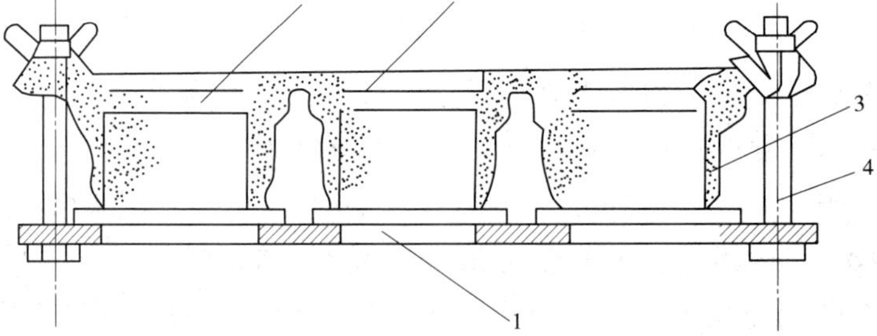

1—夹板；2—透水石；3—环刀；4—拉杆。

图 1-3　平列式饱和器

(2)水箱：带盖。

(3)天平：感量 0.1 g。

(二)操作步骤

(1)在重叠式饱和器下正中放置稍大于环刀直径的透水石和滤纸,将装有试件的环刀放在滤纸上,试件上面再放一张滤纸和一块透水石。这样顺序重复,由下向上重叠至适当高度,将饱和器上板放在最上部透水石上,旋紧拉杆上端的螺丝,将各个环刀在上下板间夹紧。

(2)如用平列式饱和器,则将透水石放置于下板各圆孔上,并按顺序放置滤纸、装试件的环刀、滤纸、上部透水石及上板,旋紧拉杆上端的螺丝,将各个环刀在上下板间夹紧。

(3)将装好试件的饱和器放入水箱中(重叠式饱和器与框架式饱和器放倒,平列式饱和器则平放),注清水入箱,水面不宜将试件淹没(重叠式饱和器与框架式饱和器)或超过试件顶面(平列式饱和器),以便土中气体得以排出。

(4)关上箱盖,防止水分蒸发,静置数日,借土的毛细管作用,使试件饱和,一般约需3 d。

(5)取出饱和器,松开螺丝,取出环刀,擦干外壁,吸去表面积水,取下试件上下滤纸,称环土的合质量,精确至0.1 g,并计算饱和度。

(6)如饱和度小于95%,将环刀装入饱和器,浸入水内,重新延长饱和时间。

五、真空饱和法

(一)仪器设备

(1)真空饱和法整体装置,如图1-4所示。

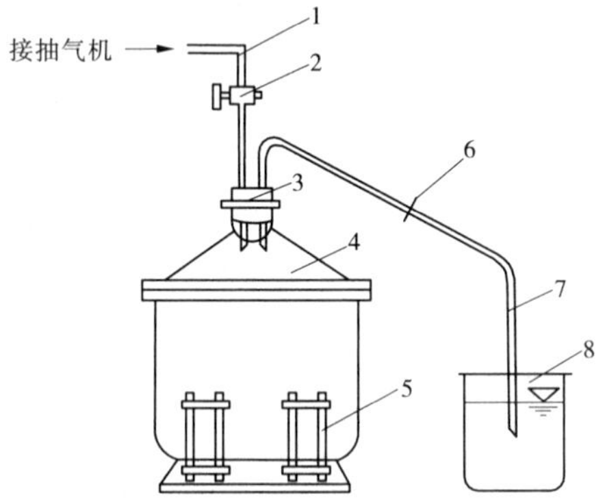

1—排气管;2—二通阀;3—橡皮塞;4—真空缸;
5—饱和器;6—管夹;7—引水管;8—水缸。

图1-4　真空饱和法装置

(2)饱和器:见图1-1~图1-3。

(3)真空缸:金属或玻璃制。

(4)抽气机。

(5)真空测压表。

(6)其他:天平、硬橡皮管、橡皮塞、管夹、二路活塞、水缸、凡士林等。

(二)操作步骤

(1)按毛细管饱和法操作步骤的第(1)、(2)步将试件装入饱和器。

(2)将装好试件的饱和器放入真空缸内,盖口涂一薄层凡士林,以防漏气。

(3)关管夹,开阀门(见图1-4),开动抽气机,抽除缸内及土中气体,当真空压力表达到-101.325 kPa(一个负大气压力值)后,稍微开启管夹,使清水从引水管徐徐注入真空缸内。在注水过程中,应调节管夹,使真空压力表上的数值基本保持不变。

(4)待饱和器完全淹没水中后,即停止抽气,将引水管自水缸中提出,令空气进入真空缸内,静待一定时间,借大气压力使试件饱和。

(5)取出试件称质量,精确至0.1 g,计算饱和度。

六、成果整理

按式(1-5)计算饱和度:

$$S_r = \frac{\omega G_s}{e} \tag{1-5}$$

式中 S_r——饱和度,精确至1%;

e——土的孔隙比;

G_s——土粒比重;

ω——饱和后的含水率(%)。

七、试验记录

扰动土样试件制备记录格式如表1-1所示。

表 1-1　扰动土试件制备记录

工程名称：________　计算者：________　制备者：________　校核者：________

土样编号	制备日期	制备标准			所需土质量及增加水量的计算					试件制备							备注
		干密度 ρ_d/(g/cm^3)	含水率 ω/%	计算的试筒或压模容积 V/cm^3	干土质量 m_s/g	风干含水率 ω_h/%	湿土质量 m/g	增加的水量 $\Delta m_w/g$	所需土质量/g	制备方法	环刀质量/g	环刀+湿土质量/g	湿土质量/g	密度/(g/cm^3)	含水率 ω/%	干密度 ρ_d/(g/cm^3)	

第二章 含水率试验

一、基本知识

含水率是土的基本物理性质指标之一，它反映了土的干、湿状态。含水率的变化将使土物理力学性质发生一系列的变化，它可使土变成半固态、可塑状态或流动状态，可使土变成稍湿状态、很湿状态或饱和状态，也可造成土在压缩性和稳定性上的差异。含水率是计算土的干密度、孔隙比、饱和度、液性指数等不可缺少的依据，也是建筑物地基、路堤、土坝等施工质量控制的重要指标。

含水率试验方法有烘干法、酒精燃烧法、炒干法等，其中以烘干法、酒精燃烧法为试验的常用方法。

二、烘干法

烘干法含水率试验适用于测定黏质土、粉质土、砂类土、砾类土、有机质土和冻土等土类的含水率。

(一)仪器设备

(1)烘箱。

(2)天平：称量 200 g，感量 0.01 g；称量 5 000 g，感量 1 g。

(3)其他：干燥器、称量盒等。

(二)操作步骤

(1)取具有代表性试样，细粒土不小于 50 g，砂类土、有机质土不小于 100 g，砾类土不小于 1 kg，放入称量盒内，立即盖好盒盖，称质量。

(2)揭开盒盖，将试样和盒放入烘箱内，在温度 105~110 ℃恒温下烘干。烘干时间对细粒土不得小于 8 h；对砂类土和砾类土不得小于 6 h；对含有机质超过 5%的土或含石膏的土，应将温度控制在 60~70 ℃，烘干时间不宜小于 24 h。

(3)将烘干后的试样和盒取出，放入干燥器内冷却(一般为 0.5~1 h)。冷却后盖好盒盖，称质量，细粒土、砂类土和有机质土精确至 0.01 g；砾类土精确至 1 g。

注①：一般土样烘干 16~24 h 就足够。但是，有些土或试样数量过多或试样很潮湿，可能需要烘更长的时间。烘干的时间也与烘箱内试样的总质量、烘箱的尺寸及其通风系统的效率有关。

注②：如铝盒的盖密闭，而且试样在称量前放置时间较短，可以不放在干燥器内冷却。

(三)成果整理

(1)按式(2-1)计算含水率：

$$\omega = \frac{m - m_s}{m_s} \times 100\% \tag{2-1}$$

式中　ω——含水率,精确至 0.1%;

m——湿土质量,g;

m_s——干土质量,g。

(2)烘干法含水率试验应进行二次平行测定,取其算术平均值,精确至 0.1%,允许平行差值应符合表 2-1 的规定,否则应重做试验。

表 2-1　含水率测定的允许平行差值

含水率 ω/%	允许平行差值/%
$\omega \leqslant 5.0$	≤0.3
$5.0 < \omega \leqslant 40.0$	≤1.0
$\omega > 40.0$	≤2.0

(四)试验记录

含水率试验记录格式如表 2-2 所示。

表 2-2　含水率试验记录

工程编号:____________　　试验者:____________

土样说明:____________　　计算者:____________

试验日期:____________　　校核者:____________

试样编号	盒号	盒质量/g	盒+湿土质量/g	盒+干土质量/g	水分质量/g	干土质量/g	含水率/%	平均含水率/%
		(1)	(2)	(3)	(4)=(2)-(3)	(5)=(3)-(1)	(6)=(4)/(5)	(7)

三、酒精燃烧法

酒精燃烧法含水率试验适用于快速简易测定土(含有机质的土和盐渍土除外)的含水率。

(一)仪器设备

(1)天平:感量 0.01 g。

(2)酒精:纯度 95%以上。

(3)其他:滴管、调土刀、称量盒(可定期调整为恒定质量)等。

(二)操作步骤

(1)称取空盒的质量,精确至0.01 g。

(2)取代表性试样不小于10 g,放入称量盒内,称盒与湿土的总质量,精确至0.01 g。

(3)用滴管将酒精注入放有试样的称量盒中,直至盒中出现自由液面。为使酒精在试样中充分混合均匀,可将盒底在桌面上轻轻敲击。

(4)点燃盒中酒精,燃至火焰熄灭。

(5)火焰熄灭并冷却数分钟,再次用滴管滴入酒精,不得用瓶直接往盒里倒酒精,以防意外。如此再燃烧两次。

(6)待第三次火焰熄灭后,盖好盒盖,称干土和盒的质量,精确至0.01 g。

(三)成果整理

成果整理同烘干法。

(四)试验记录

含水率试验记录格式如表2-2所示。

第三章　密度试验

一、基本知识

土的密度 ρ 是指土的单位体积质量，是土的基本物理性质指标之一，其单位为 g/cm^3。土的密度反映了土体结构的松紧程度，是计算土的自重应力、干密度、孔隙比等指标的重要依据。

土的密度一般是指土的湿密度 ρ，此外还有土的干密度 ρ_d、饱和密度 ρ_{sat} 和有效密度 ρ'。

密度试验方法有环刀法、蜡封法、灌水法和灌砂法等。对于细粒土，宜采用环刀法；对于易碎裂、难以切削的土，可用蜡封法；对于现场粗粒土，可用灌水法或灌砂法。

二、环刀法

环刀法密度试验方法适用于细粒土。

（一）仪器设备

（1）环刀：内径 6~8 cm，高 2.0~5.4 cm，壁厚 1.5~2.2 mm。

（2）天平：感量 0.01 g。

（3）其他：削土刀、钢丝锯、凡士林等。

（二）操作步骤

（1）按工程需要取原状土样或制备所需状态的扰动土样，整平两端，环刀内壁涂一薄层凡士林，刀口向下放在土样上。

（2）用削土刀或钢丝锯将土样上部削成略大于环刀直径的土柱，然后将环刀垂直下压，边压边削，至土样伸出环刀上部。削去两端余土，使与环刀口面齐平，并用剩余土样测定含水率。

（3）擦净环刀外壁，称环刀与土的合质量 m_1，准确至 0.01 g。

（三）成果整理

（1）按下列公式计算湿密度及干密度：

$$\rho = \frac{m_1 - m_2}{V} \tag{3-1}$$

$$\rho_d = \frac{\rho}{1 + \omega} \tag{3-2}$$

式中　ρ——湿密度，精确至 0.01 g/cm^3；

m_1——环刀与土的总质量，g；

m_2——环刀质量，g；

V——环刀体积，cm^3；

ρ_d——干密度，精确至 0.01 g/cm^3；

ω——含水率(%)。

(2)本试验应进行二次平行测定，其平行差值不得大于 0.03 g/cm^3，否则应重做试验。密度取其算术平均值，精确至 0.01 g/cm^3。

(四)试验记录

环刀法密度试验记录格式如表 3-1 所示。

表 3-1　密度试验记录格式(环刀法)

工程编号：________________　　试验者：________________

土样说明：________________　　计算者：________________

土样编号						
环刀号						
环刀容积/cm^3	(1)					
环刀质量/g	(2)					
土+环刀质量/g	(3)					
土样质量/g	(4)	(3)-(2)				
湿密度/(g/cm^3)	(5)	$\frac{(4)}{(1)}$				
含水率/%	(6)					
干密度/(g/cm^3)	(7)	$\frac{(5)}{1+(6)}$				
平均干密度/(g/cm^3)	(8)					

三、蜡封法

蜡封法密度试验适用于坚硬易碎裂、难以切削和形态不规则的坚硬土。

(一)仪器设备

(1)天平：感量 0.01 g。

(2)其他：烧杯、细线、石蜡、针、削土刀等。

(二)操作步骤

(1)用削土刀切取体积大于 30 cm^3 试件，削除试件表面的松、浮土以及尖锐棱角，在天平上称量，精确至 0.01 g。取代表性土样进行含水率测定。

(2)将石蜡加热至刚过熔点，用细线系住试件浸入石蜡中，使试件表面覆盖一薄层严密的石蜡，若试件蜡膜上有气泡，需用热针刺破气泡，再用石蜡填充针孔，涂平孔口。

(3)待冷却后，将蜡封试件在天平上称量，精确至 0.01 g。

(4)用细线将蜡封试件置于天平一端，使其浸浮在盛有纯水的烧杯中，注意试件不要接触烧杯壁，称蜡封试件的水下质量，精确至 0.01 g，并测量纯水的温度。

(5)将蜡封试件从水中取出，擦干石蜡表面水分，在空气中称其质量，将其与步骤(3)中所称质量相比，若质量增加，表示水分进入试件中；若浸入水分质量超过 0.03 g，应重做试验。

(三)成果整理

$$\rho = \frac{m}{\dfrac{m_1 - m_2}{\rho_{wt}} - \dfrac{m_1 - m}{\rho_n}} \tag{3-3}$$

$$\rho_d = \frac{\rho}{1 + \omega} \tag{3-4}$$

式中　ρ——土的湿密度,精确至 0.01 g/cm^3;

ρ_d——土的干密度,精确至 0.01 g/cm^3;

m——试件质量,g;

m_1——蜡封试件质量,g;

m_2——蜡封试件水中质量,g;

ρ_{wt}——纯水在 t ℃时的密度,精确至 0.001 g/cm^3;

ρ_n——石蜡密度,应事先实测,精确至 0.01 g/cm^3,一般可采用 0.92 g/cm^3;

ω——含水率(%)。

(四)试验记录

蜡封法密度试验记录格式如表 3-2 所示。

表 3-2　密度试验记录格式(蜡封法)

工程编号:____________　　试验者:____________

土样说明:____________　　计算者:____________

土样编号	试件质量/g	蜡封试件质量/g	蜡封试件水中质量/g	温度/℃	水的密度/(g/cm^3)	蜡封试件体积/cm^3	蜡体积/cm^3	试件体积/cm^3	湿密度/(g/cm^3)	备注
	(1)	(2)	(3)		(4)	(5)=$\frac{(2)-(3)}{(4)}$	(6)=$\frac{(2)-(1)}{\rho_n}$	(7)=(5)-(6)	(8)=$\frac{(1)}{(7)}$	
										石蜡密度 0.92 g/cm^3
平均										
土样编号										
平均湿密度/(g/cm^3)	(9)									
平均含水率/%	(10)									
平均干密度/(g/cm^3)	(11)	$\frac{(9)}{1+(10)}$								

四、灌砂法

灌砂法密度试验适用于现场测定路基土的密度。试样最大粒径不得超过 60 mm，测定密度层的厚度为 150～200 mm。

注：①在测定细粒土的密度时，可以采用直径 100 mm 的小型灌砂筒。②如最大粒径超过 15 mm，则灌砂筒和现场试筒的直径应为 150～200 mm，灌砂筒的直径宜大于最大粒径的 3 倍。

(一)仪器设备

(1)灌砂筒：灌砂筒的形式和主要尺寸如图 3-1 所示。灌砂筒主要分两部分：上部为储砂筒，筒底中心有一个圆孔；下部装一倒置的圆锥形漏斗，漏斗上端开口，直径与储砂筒的圆孔相同。漏斗焊接在一块铁板上，铁板中心有一圆孔与漏斗上开口相接。在储砂筒筒底与漏斗顶端铁板之间设有开关。开关为一薄铁板，一端与筒底及漏斗铁板铰接在一起，另一端伸出筒身外，开关铁板上也有圆孔。将开关向左移动时，开关铁板上的圆孔恰好与筒底圆孔及漏斗上开口相对，即三个圆孔在平面上重叠在一起，砂就可通过圆孔自由落下。将开关向右移动时，开关将筒底圆孔堵塞，砂即停止下落。

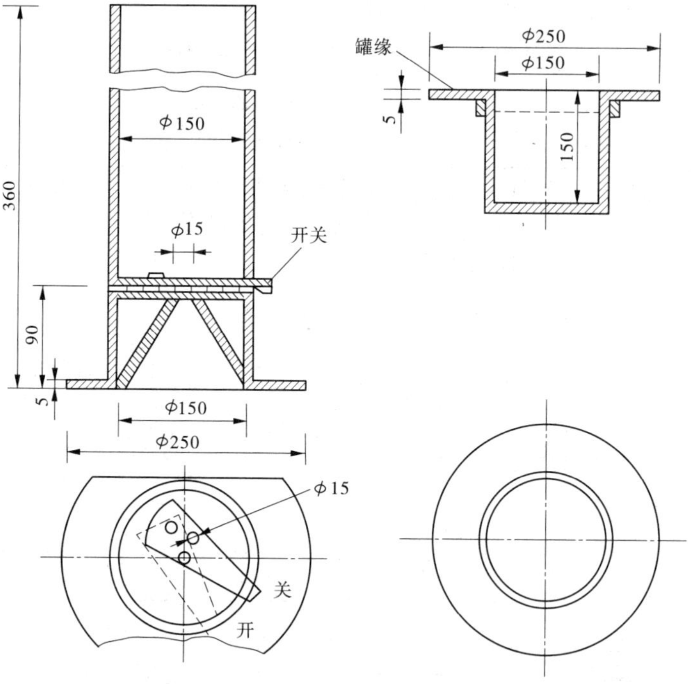

图 3-1　灌砂筒和标定罐　(单位：mm)

(2)金属标定罐，上端周围有一罐缘。

(3)基板：一个边长 350 mm、深 40 mm 的金属方盘，盘中心有一圆孔，直径与灌砂筒一致。

(4)玻璃板：边长约 500 mm 的方形板。

(5)充电式天平：称量 15 kg，感量 1 g；天平：称量 1 000 g，感量 0.01 g。

(6)量砂：粒径 0.25～0.5 mm、清洁干燥的均匀砂，20～40 kg。应先烘干，并放置足够时间，使其与空气的温度达到平衡。

(7)其他：打洞工具，如凿子、铁锤、长把勺、长把小簸箕、毛刷等；烘干设备。

(二)仪器标定

1. 确定灌砂筒下部圆锥体内砂的质量

(1)在储砂筒内装满砂，筒内砂的高度与筒顶的距离不超过 15mm，称取灌砂筒和筒内砂的总质量 m_1，精确至 1 g。每次标定及而后的试验都维持该质量不变。

(2)将开关打开，让砂流出，并使流出砂的体积与工地所挖试洞的体积相当(或等于标定罐的容积)；然后关上开关，称取灌砂筒和筒内砂的质量 m_5，精确至 1 g。

(3)将灌砂筒放在玻璃板上，打开开关，让砂流出，直到筒内砂不再下流时，关上开关，并小心地取走灌砂筒。

(4)收集并称量留在玻璃板上的砂或称量筒内的砂，精确至 1 g。玻璃板上的砂就是填满灌砂筒下部圆锥体的砂。

(5)重复上述测量，至少三次；最后取其平均值 m_2，精确至 1 g。

2. 确定量砂的密度

(1)用水确定标定罐的容积 V。

①将空罐放在电子秤上，使罐的上口处于水平位置，读记罐质量 m_7，精确至 1 g。

②向标定罐中灌水，注意不要将水弄到电子秤上或罐的外壁；将一直尺放在罐顶，当罐中水面快要接近直尺时，用滴管往罐中加水，直到水面接触直尺；移去直尺，读记罐和水的总质量 m_8。

③重复测量时，仅需用吸管从罐中取出少量水，并用滴管重新将水加满到接触直尺。

④标定罐的体积 V 按式(3-5)计算：

$$V = (m_8 - m_7)/\rho_w \tag{3-5}$$

式中　V——标定罐的容积，精确至 0.01 cm^3；

m_7——标定罐质量，g；

m_8——标定罐和水的总质量，g；

ρ_w——水的密度，g/cm^3。

(2)在储砂筒中装入质量为 m_1 的砂，并将灌砂筒放在标定罐上，打开开关，让砂流出，直到储砂筒内的砂不再下流时，关闭开关；取下灌砂筒，称取灌砂筒和筒内剩余砂的总质量 m_3，精确至 1 g。

(3)重复上述测量，至少三次，最后取其平均值 m_3，精确至 1 g。

(4)按式(3-6)计算填满标定罐所需砂的质量 m_a：

$$m_a = m_1 - m_2 - m_3 \tag{3-6}$$

式中　m_a——灌砂的质量，精确至 1 g；

m_1——灌砂入标定罐前，灌砂筒和筒内砂的总质量，g；

m_2——灌砂筒下部圆锥体内砂的平均质量，g；

m_3——灌砂入标定罐后，灌砂筒和筒内剩余砂的总质量，g。

(5)按式(3-7)计算量砂的密度 ρ_s:

$$\rho_s = \frac{m_a}{V} \tag{3-7}$$

式中 ρ_w——砂的密度,精确至 0.01 g/cm^3;

V——标定罐的体积,cm^3;

m_a——砂的质量,g。

(三)操作步骤

(1)在试验地点,选一块约 40 cm×40 cm 的平坦表面,并将其清扫干净;称取灌砂筒和砂的总质量 m_5。如表面的粗糙度较大,将基板放在此平坦表面上;将盛有量砂的灌砂筒放在基板中间的圆孔上;打开灌砂筒开关,让砂流入基板的中孔内,直到储砂筒内的砂不再下流时关闭开关;取下灌砂筒,并称筒内砂的质量 m_6,精确至 1 g。

(2)取走基板,将留在试验地点的量砂收回,重新将表面清扫干净;将基板放在清扫干净的表面上,沿基板中孔凿洞,洞的直径 100 mm。在凿洞过程中,应注意不使凿出的试样丢失,并随时将凿松的材料取出,放在已知质量的塑料袋内密封。试洞的深度应与标定罐高度接近或一致。凿洞毕,称此塑料袋中全部试样质量,精确至 1 g。减去已知塑料袋质量后,即为试样的总质量 m_t。

(3)从挖出的全部试样中取代表性的样品,测定其含水率 ω。

(4)将基板安放在试洞上,将灌砂筒安放在基板中间(储砂筒内放满砂至恒量 m_1),使灌砂筒的下口对准基板的中孔及试洞。打开灌砂筒开关,让砂流入试洞内。关闭开关。小心取走灌砂筒,称量筒内剩余砂的质量 m_4,精确至 1 g。

(5)如清扫干净的平坦的表面上,粗糙度不大,则不需放基板,将灌砂筒直接放在已挖好的试洞上。打开筒的开关,让砂流入试洞内。在此期间,应注意勿碰动灌砂筒。直到储砂筒内的砂不再下流时,关闭开关。仔细取走灌砂筒,称量筒内剩余砂的质量 m_4',精确至 1 g。

(6)取出试洞内的量砂,以备下次试验时再用。若量砂的湿度已发生变化或量砂中混有杂质,则应重新烘干、过筛,并放置一段时间,使其与空气的湿度达到平衡后再用。

(7)如试洞中有较大孔隙,量砂可能进入孔隙时,则应按试洞外形,松弛地放入一层柔软的纱布。然后进行灌砂工作。

(四)成果整理

(1)按式(3-8)或式(3-9)计算填满试洞所需的质量。

灌砂时试洞上放有基板的情况:

$$m_b = m_1 - m_4 - (m_5 - m_6) \tag{3-8}$$

灌砂时试洞上不放基板的情况:

$$m_b = m_1 - m'_4 - m_2 \tag{3-9}$$

式中 m_b——砂的质量,g;

m_1——灌砂入试洞前筒和砂的总质量,g;

m_2——灌砂筒下部圆锥体内砂的平均质量,g;

m_4、m_4'——灌砂入试洞后,筒和筒内剩余砂的总质量,g;

m_5-m_6——灌砂筒下部圆锥体内及基板和粗糙表面间砂的总质量，g。

(2)按式(3-10)计算试验地点土的湿密度：

$$\rho=\frac{m_t}{m_b}\times\rho_s \tag{3-10}$$

式中　ρ——土的湿密度，精确至 0.01 g/cm³；

m_t——试洞中取出的全部土样的质量，g；

m_b——填满试洞所需砂的质量，g；

ρ_s——量砂的密度，g/cm³。

(3)按式(3-11)计算土的干密度：

$$\rho_d=\frac{\rho}{1+\omega} \tag{3-11}$$

式中　ρ_d——土的干密度，精确至 0.01 g/cm³；

ρ——土的湿密度，g/cm³；

ω——土的含水率(%)。

(4)本试验应进行两次平行测定，两次测定的差值不得大于 0.03 g/cm³，否则应重做试验。取两次测值的平均值。

(五)试验记录

灌砂法密度试验记录格式如表 3-3 所示。

表 3-3　密度试验记录格式(灌砂法)

工程编号：＿＿＿＿＿＿＿＿　　试验者：＿＿＿＿＿＿＿＿

土样说明：＿＿＿＿＿＿＿＿　　计算者：＿＿＿＿＿＿＿＿

试验日期：＿＿＿＿＿＿＿＿　　校核者：＿＿＿＿＿＿＿＿

砂的密度：＿＿＿＿＿＿＿＿

取样位置	试洞中湿土样质量 m_t/g	灌满试洞后剩余砂质量 m_4、m_4'/g	试洞内砂质量 m_b/g	湿密度/(g/cm³)	含水率测定							干密度 ρ_d/(g/cm³)
					盒号	盒+湿土质量/g	盒+干土质量/g	盒质量/g	干土质量/g	水质量/g	含水率/%	

五、灌水法

本试验适用于现场测定粗粒土和巨粒土的密度。

(一)仪器设备

(1)座板:座板为中部开有圆孔,外沿呈方形或圆形的铁板,圆孔处设有环套,套孔的直径为土中所含最大石块粒径的3倍。

(2)薄膜:聚乙烯塑料薄膜。

(3)储水筒:直径应均匀,并附有刻度。

(4)电子秤:称量50 kg,感量5 g。

(5)其他:铁镐、铁铲、水平仪等。

(二)操作步骤

(1)根据试样最大粒径宜按表3-4确定试坑尺寸。

表3-4 试坑尺寸

试样最大粒径/mm	试坑尺寸	
	直径/mm	深度/mm
5~20	150	200
40	200	250
60	250	300
200	800	层厚

(2)按确定的试坑直径画出坑口轮廓线。将测点处的地表整平,地表的浮土、石块、杂物等应予清除,坑凹不平处用砂铺整。用水平仪检查地表是否水平。

(3)将座板固定于整平后的地表。将聚乙烯塑料膜沿环套内壁及地表紧贴铺好。记录储水筒初始水位高度,拧开储水筒的注水开关,从环套上方将水缓缓注入,至刚满不外溢。记录储水筒水位高度,计算座板部分的体积。在保持座板原固定状态下,将薄膜盛装的水排至对该试验不产生影响的场所,然后将薄膜揭离底板。

(4)在轮廓线内下挖至要求深度,将落于坑内的试样装入盛土容器内,并测定含水率。

(5)用挖掘工具沿座板上的孔挖试坑,为了使坑壁与塑料薄膜易于紧贴,对坑壁需加以整修。将塑料薄膜沿坑底、坑壁紧密相贴地铺好。在向薄膜形成的袋内注水时,牵住薄膜的某一部位,一边拉松,一边注水,以使薄膜与坑壁间的空气得以排出,从而提高薄膜与坑壁的密贴程度。

(6)记录储水筒内初始水位高度,拧开储水筒的注水开关,将水缓缓注入塑料薄膜中。当水面接近环套的上边缘时,将水流调小,直至水面与环套上边缘齐平时关闭注水管,持续3~5 min,记录储水筒内水位高度。

（三）成果整理

（1）细粒与石料应分开测定含水率，按式（3-12）求出整体的含水率：

$$\omega = \omega_f P_f + \omega_c (1 - P_f) \tag{3-12}$$

式中　ω——整体含水率，精确至0.1%；

ω_f——细粒土部分的含水率（%）；

ω_c——石料部分的含水率（%）；

P_f——细粒料的干质量与全部材料干质量之比。

细粒料与石块的划分以粒径60 mm为界。

（2）按式（3-13）计算座板部分的容积：

$$V_1 = (h_1 - h_2) A_w \tag{3-13}$$

式中　V_1——座板部分的容积，精确至0.01 cm^3；

A_w——储水筒断面面积，cm^2；

h_1——座板部分储水筒内初始水位高度，cm；

h_2——座板部分储水筒内注水终了时水位高度，cm。

（3）按式（3-14）计算试坑容积：

$$V_p = (H_1 - H_2) A_w - V_1 \tag{3-14}$$

式中　V_p——试坑容积，精确至0.01 cm^3；

H_1——试坑储水筒内初始水位高度，cm；

H_2——试坑储水筒内注水终了时水位高度，cm；

A_w——储水筒断面面积，cm^2；

V_1——座板部分的容积，cm^3。

（4）按式（3-15）、式（3-16）计算试样湿密度及干密度：

$$\rho = \frac{m_p}{V_p} \tag{3-15}$$

式中　ρ——试样湿密度，精确至0.01 g/cm^3；

m_p——取自试坑内的试样质量，g。

$$\rho_d = \frac{\rho}{1 + \omega} \tag{3-16}$$

式中　ρ_d——试样干密度，精确至0.01 g/cm^3；

ω——含水率（%）。

（5）灌水法密度试验应进行两次平行测定，两次测定的差值不得大于0.03 g/cm^3，否则应重做试验。取两次测值的平均值。

（四）试验记录

灌水法密度试验记录格式如表3-5所示。

表 3-5　密度试验记录格式(灌水法)

工程名称:________________　　　　试 验 者:________________

土样编号:________________　　　　计 算 者:________________

试坑深度:________________ m　　　校 核 者:________________

试样最大粒径:________________ mm　试验日期:________________

测点					1	2
座板部分注水前储水筒水位高度	h_1	cm	(1)			
座板部分注水后储水筒水位高度	h_2	cm	(2)			
储水筒断面面积	A_w	cm^2	(3)			
座板部分的容积	$V_1=(h_1-h_2)A_w$	cm^3	(4)	[(1)-(2)]×(3)		
试坑注水前储水筒水位高度	H_1	cm	(5)			
试坑注水后储水筒水位高度	H_2	cm	(6)			
试坑容积	$V_p=(H_1-H_2)A_w-V_1$	cm^3	(7)	[(5)-(6)]×(3)-(4)		
取自试坑内的试样质量	m_p	g	(8)			
试样湿密度	$\rho=\frac{m_p}{V_p}$	g/cm^3	(9)	$\frac{(8)}{(7)}$		
细粒土部分含水率	ω_f	%	(10)			
石料部分含水率	ω_c	%	(11)			
细粒料干质量与全部干质量之比	P_f		(12)			
整体含水率	$\omega=\omega_f P_f+\omega_c(1-P_f)$	%	(13)	(10)×(12)+(11)×[1-(12)]		
试样干密度	$\rho_d=\frac{\rho}{1+\omega}$	g/cm^3	(14)	$\frac{(9)}{1+(13)}$		

第四章 比重试验

一、基本知识

土的比重是土在 105～110 ℃温度下烘至恒重时的质量与同体积 4 ℃蒸馏水质量的比值。在数值上,土的比重与土粒密度相同,但前者没有单位。

土的比重主要取决于土的矿物成分,不同土类的比重变化幅度不大。对于一般土,砂土的比重为 2.65～2.69,砂质粉土比重约为 2.70,黏质粉土比重约为 2.71,粉质黏土的比重为 2.72～2.73,黏土比重为 2.74～2.76。

根据土粒粒径的不同,土的比重试验可分别采用比重瓶法、浮称法或虹吸筒法等。

二、比重瓶法

本试验适用于粒径小于 5 mm 的土。

(一)试验仪器

(1)比重瓶:容量 100(或 50)mL。

(2)天平:称量 200 g,感量 0.001 g。

(3)恒温水槽:灵敏度±1 ℃。

(4)砂浴。

(5)真空抽气设备。

(6)温度计:刻度为 0～50 ℃,分度值为 0.5 ℃。

(7)其他:如烘箱、纯水、中性液体(如煤油)、孔径 2 mm 及 5 mm 筛、漏斗、滴管等。

(二)仪器校正

(1)将比重瓶洗净、烘干,称比重瓶质量,精确至 0.001 g。

(2)将煮沸后冷却的纯水注入比重瓶。对长颈比重瓶注水至刻度处,对短颈比重瓶应注满纯水,塞紧瓶塞,多余水分自瓶塞毛细管中溢出。调节恒温水槽至 5 ℃或 10 ℃,然后将比重瓶放入恒温水槽内,直至瓶内水温稳定。取出比重瓶,擦干外壁,称瓶、水总质量,精确至 0.001 g。

(3)以 5 ℃级差,调节恒温水槽的水温,逐级测定不同温度下的比重瓶、水总质量,至达到本地区最高自然气温。每个温度时均应进行两次平行测定,两次测定的差值不得大于 0.002 g,取两次测值的平均值。绘制温度与瓶、水总质量的关系曲线。

(三)操作步骤

(1)将比重瓶烘干,将 15 g 烘干土装入 100 mL 比重瓶内(若用 50 mL 比重瓶,装烘干土约 12 g),称量。

(2)为排除土中空气,将已装有干土的比重瓶,注蒸馏水至瓶的一半处,摇动比重瓶,土样浸泡 20 h 以上,再将瓶在砂浴中煮沸,煮沸时间自悬液沸腾时算起,砂及低液限黏土应不小于 30 min,高液限黏土应不小于 1 h,使土粒分散。注意沸腾后调节砂浴温度,不使土液溢出瓶外。

(3)如为长颈比重瓶,用滴管调整液面恰至刻度(以弯月面下缘为准),擦干瓶外及瓶内壁刻度以上部分的水,称瓶、水、土总质量。如为短颈比重瓶,将纯水注满,使多余水分自瓶塞毛细管中溢出,将瓶外水分擦干后,称瓶、水、土总质量,称量后立即测出瓶内水的温度,精确至 0.5 ℃。

(4)根据测得的温度,从已绘制的温度与瓶、水总质量关系曲线中查得瓶水总质量。如比重瓶体积事先未经温度校正,则立即倾去悬液,洗净比重瓶,注入事先煮沸过且与试验时同温度的蒸馏水至同一体积刻度处,短颈比重瓶则注水至满,按本试验第(3)步调整液面后,将瓶外水分擦干,称瓶、水总质量。

(5)如为砂土,煮沸时砂粒易跳出,允许用真空抽气法代替煮沸法排除土中气体,其余同第(3)、(4)步。

(6)对含有某一定量的可溶盐、不亲性胶体或有机质的土,必须用中性液体(如煤油)测定,并用真空抽气法排除土中气体。真空压力表读数宜为 100 kPa,抽气时间 1~2 h(直至悬液内无气泡),其余同第(3)、(4)步。

(7)本试验称量应精确至 0.001 g。

(四)成果整理

(1)用蒸馏水测定时,按式(4-1)计算比重:

$$G_s = \frac{m_s}{m_1 + m_s - m_2} \times G_{wt} \tag{4-1}$$

式中 G_s——土粒比重,精确至 0.001;

m_s——干土质量,g;

m_1——瓶、水总质量,g;

m_2——瓶、水、土总质量,g;

G_{wt}——t ℃时蒸馏水的比重(水的比重可查物理手册),精确至 0.001。

(2)用中性液体测定时,按式(4-2)计算比重:

$$G_s = \frac{m_s}{m'_1 + m_s - m'_2} \times G_{kt} \tag{4-2}$$

式中 G_s——土粒比重,精确至 0.001;

m'_1——瓶、中性液体总质量,g;

m'_2——瓶、土、中性液体总质量,g;

G_{kt}——t ℃时中性液体比重(应实测),精确至 0.001。

(3)本试验应进行两次平行测定,其平行差值不得大于 0.02,否则应重做试验。取两次测值的算术平均值,以两位小数表示。

(五)试验记录

比重瓶法比重试验记录格式如表 4-1 所示。

三、浮称法

浮称法比重试验的目的是测定土颗粒的比重。本试验适用于粒径大于或等于 5 mm 的土,且其中粒径大于或等于 20 mm 的土质量应小于总土质量的 10%。

(一)仪器设备

(1)带金属网篮的电子天平或浮秤天平(见图 4-1):感量 0.01 g;应附有孔径小于 5 mm 的金属网篮,其直径为 10~15 cm,高为 10~20 cm;适合网篮沉入的盛水容器。

表 4-1　比重试验记录格式(比重瓶法)

工程名称:＿＿＿＿＿　　试验方法:＿＿＿＿＿　　试验日期:＿＿＿＿＿

试 验 者:＿＿＿＿＿　　计 算 者:＿＿＿＿＿　　校 核 者:＿＿＿＿＿

试验编号	比重瓶号	温度/℃	液体比重	比重瓶质量/g	瓶+干土总质量/g	干土质量/g	瓶+液总质量/g	瓶+液+土总质量/g	与干土同体积的液体质量/g	比重	平均比重值	备注
		(1)	(2)	(3)	(4)	(5)	(6)	(7)	(8)	(9)		
						(4)−(3)			(5)+(6)−(7)	$\frac{(5)}{(8)}\times(2)$		

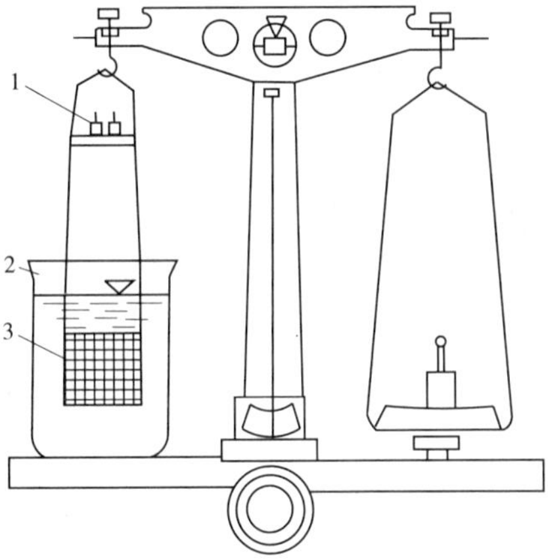

1—调平平衡砝码盘;2—盛水容器;3—盛粗粒土的铁丝筐。

图 4-1　浮称天平

(2)其他:烘箱、温度计、孔径 5 mm 及 20 mm 筛等。

(二)操作步骤

(1)取代表性试样 500~1 000 g。彻底冲洗试样,直至颗粒表面无尘土和其他污物。

(2)将试样浸在水中一昼夜取出,立即放入金属网篮,缓缓浸没于水中,并在水中摇晃,至无气泡逸出。

(3)水面高于网篮,称金属网篮和试样在水中的总质量。

(4)取出试样烘干,称量。

(5)称金属网篮在水中质量,并立即测量容器内水的温度,精确至 0.5 ℃。

(三)成果整理

(1)按式(4-3)计算土粒比重:

$$G_s = \frac{m_s}{m_s - (m'_2 - m'_1)} \times G_{wt} \tag{4-3}$$

式中 G_s——土粒比重,精确至 0.001;

m'_1——金属网篮在水中质量,g;

m'_2——试样和金属网篮在水中质量,g;

m_s——干土质量,g;

G_{wt}——t ℃时水的比重,精确至 0.001。

(2)土料平均比重按式(4-4)进行计算:

$$G_s = \frac{1}{\dfrac{P_1}{G_{s1}} + \dfrac{P_2}{G_{s2}}} \tag{4-4}$$

式中 G_s——土料平均比重,精确至 0.01;

G_{s1}——粒径大于 5 mm 土粒的比重;

G_{s2}——粒径小于 5 mm 土粒的比重;

P_1——粒径大于 5 mm 土粒占总质量的百分数(%);

P_2——粒径小于 5 mm 土粒占总质量的百分数(%)。

(3)本试验应进行两次平行测定,其平行差值不得大于 0.02,否则应重做试验。取两次测值的算术平均值,以两位小数表示。

(四)试验记录

浮称法比重试验记录格式如表 4-2 所示。

表 4-2　比重试验记录格式(浮称法)

工程名称:__________　　　试验日期:__________

试 验 者:__________　　　计 算 者:__________　　　校 核 者:__________

野外编号	室内编号	温度/℃	水的比重	烘干土质量/g	金属网篮+试样在水中质量/g	金属网篮在水中质量/g	试样在水中质量/g	比重	平均值
		(1)	(2)	(3)	(4)	(5)	(6)	(7)	
							(4)-(5)	$\frac{(3)\times(2)}{(3)-(6)}$	

四、虹吸筒法

虹吸筒法比重试验的目的是测定土颗粒的比重。本试验适用于粒径大于或等于 5 mm 的土,且其中粒径大于或等于 20 mm 土的含量大于或等于总土质量的 10%。

(一)仪器设备

(1)虹吸筒:见图 4-2。

(2)电子秤:感量 0.1 g。

(3)量筒:容积大于 2 000 mL。

(4)其他:烘箱、温度计、孔径 5 mm 及 20 mm 的筛等。

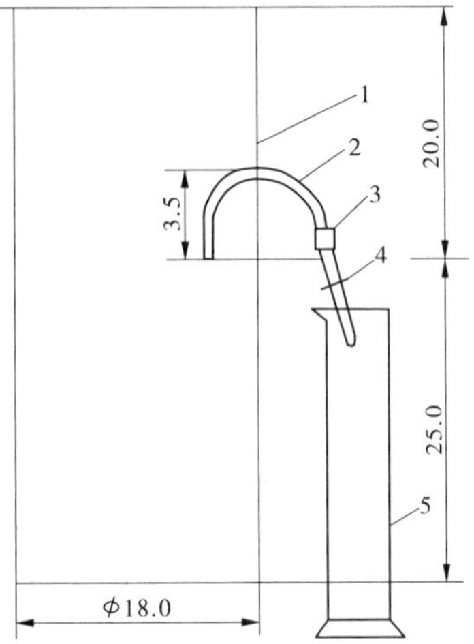

1—虹吸筒;2—虹吸管;3—橡皮管;4—管夹;5—量筒。

图 4-2　虹吸筒　(单位:cm)

(二)操作步骤

(1)取代表性试样 1 000~7 000 g。将试样彻底冲洗,直至颗粒表面无尘土和其他污物。

(2)再将试样浸在水中一昼夜取出,晾干(或用布擦干),称量。

(3)注清水入虹吸筒,至管口有水溢出时停止注水。待管不再有水流出后,关闭管夹,将试样缓缓放入筒中,边放边搅,至无气泡逸出,搅动时勿使水溅出筒外。称量筒质量。

(4)待虹吸筒中水面平静后,开管夹,让试样排开的水通过虹吸管流入筒中。

(5)称量筒与水质量后,测量筒内水的温度,精确至 0.5 ℃。

（6）取出虹吸筒内试样，烘干，称量。

（7）本试验称量精确至 1 g。

（三）成果整理

（1）按式（4-5）计算比重：

$$G_s = \frac{m_s}{(m_1 - m_0) - (m - m_s)} \times G_{wt} \tag{4-5}$$

式中 G_s——土粒比重，精确至 0.01；

m_s——干土质量，g；

G_{wt}——t ℃时水的比重，精确至 0.001；

m——晾干试样质量，g；

m_1——量筒加水总质量，g；

m_0——量筒质量，g。

（2）本试验应进行两次平行测定，其平行差值不得大于 0.02，否则应重做试验。取两次测值的算术平均值，以两位小数表示。

（四）试验记录

虹吸筒法比重试验记录格式如表 4-3 所示。

表 4-3 比重试验记录格式（虹吸筒法）

工程名称：__________ 试验日期：__________

试 验 者：__________ 计 算 者：__________ 校核者：__________

野外编号	室内编号	温度/℃	水的比重	烘干土质量/g	风干土质量/g	量筒质量/g	量筒+排开水质量/g	排开水质量/g	吸着水质量/g	比重	平均值
		（1）	（2）	（3）	（4）	（5）	（6）	（7）	（8）	（9）	
								（6）-（5）	（4）-（3）	$\frac{(3)\times(2)}{(7)-(8)}$	

第五章 颗粒分析试验

一、基本知识

颗粒分析试验就是测定土中各种粒组所占该土总质量百分数的试验方法，可分为筛分法和沉降分析法，其中沉降分析法又有密度计法（比重计法）和移液管法等。对于粒径大于 0.075 mm 的土粒可用筛分法来测定，而对于粒径小于 0.075 mm 的土粒则用沉降分析方法（密度计法或移液管法）来测定。

筛分法就是将土样通过各种不同孔径的筛子，并按筛子孔径的大小将颗粒加以分组，然后称量并计算出各个粒组占总质量的百分数。筛分法是测定土的颗粒组成最简单的一种试验方法，适用于粒径小于或等于 60 mm 且大于 0.075 mm 的土。

二、筛分法

筛分法颗粒分析试验的目的是获得粗粒土的颗粒级配。本试验适用于分析土粒粒径范围 0.075~60 mm 的土粒粒组含量和级配组成。

（一）仪器设备

（1）标准筛：粗筛（圆孔）孔径（mm）为 60、40、20、10、5、2；细筛孔径（mm）为 2.0、1.0、0.5、0.25、0.075。

（2）天平：称量 5 000 g，感量 1 g；称量 1 000 g，感量 0.01 g。

（3）摇筛机。

（4）其他：烘箱、筛刷、烧杯、木碾、研钵及杵等。

（二）试样

从风干、松散的土样中，用四分法按照下列规定取出具有代表性的试样：

（1）粒径小于 2 mm 的土 100~300 g。

（2）最大粒径小于 10 mm 的土 300~900 g。

（3）最大粒径小于 20 mm 的土 1 000~2 000 g。

（4）最大粒径小于 40 mm 的土 2 000~4 000 g。

（5）最大粒径大于 40 mm 的土 4 000 g 以上。

（三）操作步骤

1. 对于无黏聚性的土

（1）按规定称取试样，将试样分批过 2 mm 筛。

（2）将粒径大于 2 mm 的试样按从大到小的次序，通过筛孔大于 2 mm 的各级粗筛。

将留在筛上的土分别称量。

(3)2 mm 筛下的土如数量过多,可用四分法缩分至 100～800 g。将试样按从大到小的次序通过筛孔小于 2 mm 的各级细筛。可用摇筛机进行振摇。振摇时间一般为 10～15 min。

(4)由最大孔径的筛开始,顺序将各筛取下,在白纸上用手轻叩摇晃,至每分钟筛下数量不大于该级筛余质量的 1%。漏下的土粒应全部放入下一级筛内,并将留在各筛上的土样用软毛刷刷净,分别称量。

(5)筛后各级留筛和筛下土总质量与筛前试样总质量之差,不应大于筛前试样总质量的 1%。

(6)如 2 mm 筛下的土不超过试样总质量的 10%,可省略细筛分析;如 2 mm 筛上的土不超过试样总质量的 10%,可省略粗筛分析。

2. 对于含有黏土粒的砂砾土

(1)将土样放在橡皮板上,用木碾将黏结的土团充分碾散、拌匀、烘干、称量。如土样过多,用四分法称取代表性土样。

(2)将试样置于盛有清水的瓷盆中,浸泡并搅拌,使粗细颗粒分散。

(3)将浸润后的混合液过 2 mm 筛,边冲边洗过筛,直至筛上仅留大于 2 mm 以上的土粒。然后,将筛上洗净的砂砾烘干称量。按以上方法进行粗筛分析。

(4)通过 2 mm 筛下的混合液存放在盆中,待稍沉淀,将上部悬液过 0. 075 mm 洗筛,用带橡皮头的玻璃棒研磨盆内浆液,再加清水,搅拌、研磨、静置、过筛,反复进行,直至盆内悬液澄清。最后,将全部土粒倒在 0. 075 mm 筛上,用水冲洗,直到筛上仅留颗粒大于 0. 075 mm 净砂。

(5)将粒径大于 0. 075 mm 的净砂烘干称量,并进行细筛分析。

(6)将粒径大于 2 mm 的颗粒及粒径 2～0. 075 mm 的颗粒质量从原称量的总质量中减去,即为粒径小于 0. 075 mm 颗粒质量。

(7)如果粒径小于 0. 075 mm 颗粒质量超过总土质量的 10%,有必要时,将这部分土烘干、取样,另做密度计或移液管分析。

(四)成果整理

(1)按式(5-1)计算小于某粒径颗粒质量百分数:

$$X = \frac{A}{B} \times 100\% \tag{5-1}$$

式中 X——小于某粒径颗粒的质量百分数,精确至 0. 1%;

A——小于某粒径的颗粒质量,g;

B——试样的总质量,g。

(2)粒径小于 2 mm 的颗粒如用四分法缩分取样,按式(5-2)计算试样中小于某粒径的颗粒质量占总土质量的百分数:

$$X = \frac{a}{b} \times p \times 100\% \tag{5-2}$$

式中 X——小于某粒径颗粒的质量百分数,精确至 0. 1%;

a——通过 2 mm 筛的试样中小于某粒径的颗粒质量，g；

b——通过 2 mm 筛的土样中所取试样的质量，g；

p——粒径小于 2 mm 的颗粒质量百分数（%）。

（3）在半对数坐标纸上，以小于某粒径的颗粒质量百分数为纵坐标，以粒径（mm）为横坐标，绘制颗粒大小级配曲线，求出各粒组的颗粒质量百分数，以整数（%）表示。

（4）必要时按式（5-3）计算不均匀系数：

$$C_u = \frac{d_{60}}{d_{10}} \tag{5-3}$$

式中　C_u——不均匀系数，精确至 0.1 且含两位以上有效数字；

d_{60}——限制粒径，即土中小于该粒径的颗粒质量为 60% 的粒径，mm；

d_{10}——有效粒径，即土中小于该粒径的颗粒质量为 10% 的粒径，mm。

（5）筛后各级筛上和筛底土总质量与筛前试样总质量之差，不应大于筛前试样总质量的 1%，否则应重做试验。

（五）试验记录

（1）筛分法颗粒分析试验记录格式如表 5-1 所示。

表 5-1　颗粒分析试验记录格式（筛分法）

工程名称：________　　试验者：________

土样编号：________　　计算者：________

土样说明：________　　试验日期：________　　校核者：________

筛前总土质量＝______g　　粒径小于 2 mm 取试样质量＝______g

粒径小于 2 mm 土质量＝______g　　粒径小于 2 mm 土占总土质量百分数＝______%

粗筛分析				细筛分析				
孔径/mm	累积留筛土质量/g	小于该孔径的土质量/g	小于该孔径土质量百分数/%	孔径/mm	累积留筛土质量/g	小于该孔径的土质量/g	小于该孔径土质量百分比/%	占总土质量百分数/%

（2）制图。

以小于某粒径的试样质量占试样总质量的百分比为纵坐标，以颗粒粒径为对数横坐标,在单对数坐标上绘制颗粒大小分布曲线,见图 5-1。

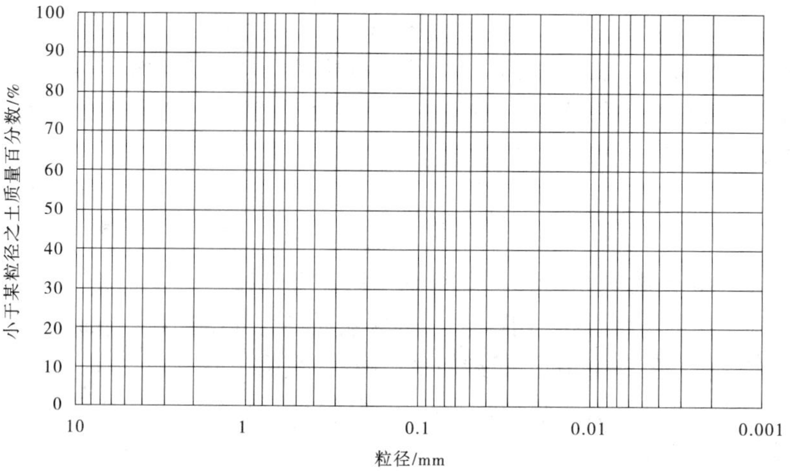

图 5-1　颗粒大小分布曲线

三、密度计法(比重瓶法)

密度计法颗粒分析试验适用于分析粒径小于 0.075 mm 的细粒土。

(一)仪器设备

(1)密度计。甲种密度计:刻度单位以 20 ℃时每 1 000 mL 悬液内所含土质量的克数表示,刻度为-5~50,最小分度值为 0.5。乙种密度计:刻度单位以 20 ℃时悬液的比重表示,刻度为 0.995~1.020,最小分度值为 0.000 2。

(2)量筒:容积为 1 000 mL,内径为 60 mm,高度为(350±10) mm,刻度为 0~1 000 mL。

(3)细筛:孔径为 2 mm、1 mm、0.5 mm、0.25 mm;洗筛:孔径为 0.075 mm。

(4)天平:称量 200 g,感量 0.01 g。

(5)温度计:测量范围 0~50 ℃,精度 0.5 ℃。

(6)洗筛漏斗:上口径略大于洗筛直径,下口直径略小于量筒直径。

(7)煮沸设备:电热板或电砂浴。

(8)搅拌器:底板直径 50 mm,孔径约 3 mm。

(9)其他:离心机、烘箱、三角烧瓶(500 mL)、烧杯(400 mL)、蒸发皿、研钵、木碾、称量铝盒、秒表等。

(二)试剂与试样

1. 试剂

浓度 25%氨水、氢氧化钠(NaOH)、草酸钠($Na_2C_2O_4$)、六偏磷酸钠[$(NaPO_3)_6$]、焦磷酸钠($Na_4P_2O_7 \cdot 10H_2O$)等,如须进行洗盐手续,应有 10%盐酸、5%氯化钡、10%硝酸、5%硝酸银及 6%双氧水等。

2. 试样

密度计分析土样应采用风干土。土样应充分碾散,通过 2 mm 筛(土样风干可在烘箱内以不超过 50 ℃鼓风干燥)。

求出土样的风干含水率,并按式(5-4)计算试样干质量为 30 g 时所需的风干土质量,精确至 0.01 g。

$$m = m_s(1 + \omega) \tag{5-4}$$

式中　m——风干土质量,精确至 0.01 g;

m_s——密度计分析所需干土质量,g;

ω——风干土的含水率(%)。

(三)密度计校正

(1)密度计刻度及弯月面校正:按《标准玻璃浮计检定规程》(JJG 86—2011)进行。

(2)温度校正:当密度计的刻制温度是 20 ℃,而悬液温度不等于 20 ℃时,应进行校正,校正值查表 5-2。

表 5-2　温度校正值

悬液温度/℃	甲种密度计温度校正值 m_T/℃	乙种密度计温度校正值 m'_T/℃	悬液温度/℃	甲种密度计温度校正值 m_T/℃	乙种密度计温度校正值 m'_T/℃
10.0	-2.0	-0.001 2	20.2	0.0	+0.000 0
10.5	-1.9	-0.001 2	20.5	+0.1	+0.000 1
11.0	-1.9	-0.001 2	21.0	+0.3	+0.000 2
11.5	-1.8	-0.001 1	21.5	+0.5	+0.000 3
12.0	-1.8	-0.001 1	22.0	+0.6	+0.000 4
12.5	-1.7	-0.001 0	22.5	+0.8	+0.000 5
13.0	-1.6	-0.001 0	23.0	+0.9	+0.000 6
13.5	-1.5	-0.000 9	23.5	+1.1	+0.000 7
14.0	-1.4	-0.000 9	24.0	+1.3	+0.000 8
14.5	-1.3	-0.000 8	24.5	+1.5	+0.000 9
15.0	-1.2	-0.000 8	25.0	+1.7	+0.001 0
15.5	-1.1	-0.000 7	25.5	+1.9	+0.001 1
16.0	-1.0	-0.000 6	26.0	+2.1	+0.001 3
16.5	-0.9	-0.000 6	26.5	+2.2	+0.001 4
17.0	-0.8	-0.000 5	27.0	+2.5	+0.001 5
17.5	-0.7	-0.000 4	27.5	+2.6	+0.001 6
18.0	-0.5	-0.000 3	28.0	+2.9	+0.001 8
18.5	-0.4	-0.001 3	28.5	+3.1	+0.001 9
19.0	-0.3	-0.000 2	29.0	+3.3	+0.002 1
19.5	-0.1	-0.000 1	29.5	+3.5	+0.002 2
20.0	-0.0	-0.000 0	30.0	+3.7	+0.002 3

(3)土粒比重校正:密度计刻度应以土粒比重 2.65 为准。当试样的土粒比重不等于 2.65 时,应进行土粒比重校正。校正值查表 5-3。

表 5-3 土粒比重校正值

土粒比重	甲种密度计比重校正值 C_G	乙种密度计比重校正值 C_G'	土粒比重	甲种密度计比重校正值 C_G	乙种密度计比重校正值 C_G'
2.50	1.038	1.666	2.70	0.989	1.588
2.52	1.032	1.658	2.72	0.985	1.581
2.54	1.027	1.649	2.74	0.981	1.575
2.56	1.022	1.641	2.76	0.977	1.568
2.58	1.017	1.632	2.78	0.973	1.562
2.60	1.012	1.625	2.80	0.969	1.556
2.62	1.007	1.617	2.82	0.965	1.549
2.64	1.002	1.609	2.84	0.961	1.543
2.66	0.998	1.603	2.86	0.958	1.538
2.68	0.993	1.595	2.88	0.954	1.532

(4)分散剂校正:密度计刻度以纯水为准,当悬液中加入分散剂时,相对密度增大,故须加以校正。

注纯水入量筒,然后加分散剂,使量筒溶液达 1 000 mL。用搅拌器在量筒内沿整个深度上下搅拌均匀,恒温至 20 ℃。然后将密度计放入溶液中,测记密度计读数。此时,密度计读数与 20 ℃时纯水中读数之差,即为分散剂校正值。

(四)土样分散处理

土样的分散处理,采用分散剂。对于使用各种分散剂均不能分散的土样(如盐渍土等),须进行洗盐。

对于一般易分散的土,用 25%氨水作为分散剂,其用量为:30 g 土样中加氨水 1 mL。对于用氨水不能分散的土样,可根据土样的 pH,分别采用下列分散剂:

(1)酸性土(pH<6.5),30 g 土样加 0.5 mol/L 氢氧化钠 20 mL。溶液配制方法:称取 20 g NaOH(化学纯),加蒸馏水溶解后,定容至 1 000 mL,摇匀。

(2)中性土(pH=6.5~7.5),30 g 土样加 0.25 mol/L 草酸钠 18 mL。溶液配制方法:称取 33.5 g $Na_2C_2O_4$(化学纯),加蒸馏水溶解后,定容至 1 000 mL,摇匀。

(3)碱性土(pH>7.5),30 g 土样加 0.083 mol/L 六偏磷酸钠 15 mL。溶液配制方法:称取 51 g $(NaPO_3)_6$(化学纯),加蒸馏水溶解后,定容至 1 000 mL,摇匀。

(4)若土的 pH 大于 8,用六偏磷酸钠分散效果不好或不能分散时,则 30 g 土样加 0.125 mol/L 焦磷酸钠 14 mL。溶液配制方法:称取 55.8 g $Na_4P_2O_7 \cdot 10H_2O$(化学纯),加蒸馏水溶解后，定容至 1 000 mL，摇匀。

对于强分散剂（如焦磷酸钠）仍不能分散的土，可用阳离子交换树脂（粒径大于 2 mm 的）100 g 放入土样中一起浸泡，不断摇荡约 2 h，再过 2 mm 筛，将阳离子交换树脂分开，然后加入 0.083 mol/L 六偏磷酸钠 15 mL。

对于可能含有水溶盐，采用以上方法均不能分散的土样，要进行水溶盐检验。其方法是：取均匀试样约 3 g，放入烧杯内，注入 4~6 mL 蒸馏水，用带橡皮头的玻璃棒研散，再加 25 mL 蒸馏水，煮沸 5~10 min，经漏斗注入 30 mL 的试管中，塞住管口，放在试管架上静置一昼夜。若发现管中悬液有凝聚现象（在沉淀物上部呈松散絮绒状），则说明试样中含有足以使悬液中土粒成团下降的水溶盐，要进行洗盐。

（五）洗盐（过滤法）

（1）将分散用的试样放入调土皿内，注入少量蒸馏水，拌和均匀。将滤纸微湿后紧贴于漏斗上，然后将调土皿中土浆迅速倒入漏斗中，并注入热蒸馏水冲洗过滤。附于皿上的土粒要全部洗入漏斗。若发现滤液混浊，须重新过滤。

（2）应经常使漏斗内的液面保持高出土面约 5 mm。每次加水后，须用表面皿盖住。

（3）为了检查水溶盐是否已洗干净，可用两个试管各取刚滤下的滤液 3~5 mL，管中加入数滴 10%盐酸及 5%氯化钡；另一管加入数滴 10%硝酸及 5%硝酸盐。若发现任一管中有白色沉淀，说明土中的水溶盐仍未洗净，应继续清洗，直至检查时试管中不再发现白色沉淀。将漏斗上的土样细心洗下，风干取样。

（六）操作步骤

（1）将称好的风干土样倒入三角烧瓶中，注入蒸馏水 200 mL，浸泡一夜。按前述规定加入分散剂。

（2）将三角烧瓶稍加摇荡后，放在电热器上煮沸 40 min（若用氨水分散，要用冷凝管装置；若用阳离子交换树脂，则不须煮沸）。

（3）将煮沸后冷却的悬液倒入烧杯中，静置 1 min，把上部悬液通过 0.075 mm 筛，注入 1 000 mL 量筒中，杯中沉土用带橡皮头的玻璃棒细心研磨。加水入杯中，搅拌后静置 1 min，再将上部悬液通过 0.075 mm 筛，倒入量筒。反复进行，直至静置 1 min 后上部悬液澄清。最后将全部土粒倒入筛内，用水冲洗至仅有粒径大于 0.075 mm 净砂。注意：量筒内的悬液总量不要超过 1 000 mL。

（4）将留在筛上的砂粒洗入皿中，风干称量，并计算各粒组颗粒质量占总土质量的百分数。

（5）向量筒中注入蒸馏水，使悬液恰为 1 000 mL（如用氨水作分散剂，这时应再加入 25%氨水 0.5 mL，其数量包括在 1 000 mL 内）。

（6）用搅拌器在量筒内沿整个悬液深度上下搅拌 1 min，往返各约 30 次，使悬液均匀分布。

（7）取出搅拌器，同时开动秒表。测记 0.5 min、1 min、5 min、15 min、30 min、60 min、120 min、240 min 及 1 440 min 的密度计读数，直至小于某粒径的土重百分数小于 10%。每次读数前 10~20 s 将密度计小心放入量筒至接近估计读数的深度。读数以后，取出密度计（0.5 min 及 1 min 读数除外），小心放入盛有清水的量筒中。每次读数后均须测记悬液温度，精确至 0.5 ℃。

(8)如一次做一批土样(20 个)，可先做完每个量筒的 0.5 min 及 1 min 读数，再按以上步骤将每个土样悬液重新依次搅拌一次。然后分别测记各规定时间的读数。同时在每次读数后测记悬液的温度。

(9)密度计读数均以弯月面上缘为准。甲种密度计应准确至 1，估读至 0.1；乙种密度计应准确至 0.001，估读至 0.000 1。为方便读数，采用间读法，即 0.001 读作 1，而 0.000 1 读作 0.1。这样既便于读数，又便于计算。

(七)成果整理

(1)小于某粒径的试样质量占试样总质量的百分比按下列公式计算。

①甲种密度计：

$$X=\frac{100}{m_s}C_G(R_m+m_T+n-C_D) \tag{5-5}$$

$$C_G=\frac{G_s}{\rho_s-\rho_{w20}}\times\frac{2.65-\rho_{w20}}{2.65}$$

式中 X——小于某粒径的土质量百分数，精确至 0.1%；

m_s——试样质量(干土质量)，g；

C_G——比重校正值，查表 5-3；

ρ_s——土粒密度，g/cm^3；

ρ_{w20}——20 ℃时水的密度，g/cm^3；

m_T——温度校正值，查表 5-2；

n——刻度及弯月面校正值；

C_D——分散剂校正值；

R_m——甲种密度计读数。

②乙种密度计：

$$X=\frac{100V}{m_s}C'_G[(R'_m-1)+m'_T+n'-C'_D]\rho_{w20} \tag{5-6}$$

$$C'_G=\frac{\rho_s}{\rho_s-\rho_{w20}}$$

式中 X——小于某粒径的土质量百分数，精确至 0.1%；

V——悬液体积(V=1 000 mL)；

m_s——试样质量(干土质量)，g；

C_G'——比重校正值，查表 5-3；

ρ_s——土粒密度，g/cm^3；

n'——刻度及弯月面校正值；

C_D'——分散剂校正值；

R_m'——乙种密度计读数；

ρ_{w20}——20 ℃时水的密度，g/cm^3；

m_T'——温度校正值，查表 5-2。

(2)土粒直径按式(5-7)计算。

$$d=\sqrt{\frac{1\ 800\times10^4\eta}{(G_s-G_{wt})\rho_{w4}g}\times\frac{L}{t}} \tag{5-7}$$

式中 d——土粒直径,mm,精确至0.000 1且含两位有效数字;

η——水的动力黏滞系数,10^{-6}kPa·s;

ρ_{w4}——4 ℃时水的密度,g/cm^3;

G_s——土粒比重;

G_{wt}——温度 t ℃时水的比重;

L——某一时间 t 内的土粒沉降距离,cm;

g——重力加速度,取981 cm/s^2;

t——沉降时间,s。

(八)试验记录

颗粒分析试验记录格式如表5-4所示。

表5-4 颗粒分析试验记录格式(甲种密度计)

工程名称:______ 土粒比重:______ 试验者:______

土样编号:______ 比重校正值:______ 计算者:______

土样说明:______ 密度计号:______ 校核者:______

烘干土质量:______g 量筒编号:______ 试验日期:______

下沉时间	悬液温度	密度计读数	温度较正值	分散剂校正值	刻度及弯月面校正	R	R_H	土粒沉降落距	粒径	小于某粒径的土质量百分比
t/min	T/℃	R_m	m_T	C_D	n	$R_m+m_T+n-C_D$	RC_G	L/cm	D/mm	X/%

四、移液管法

移液管法颗粒分析试验适用于分析粒径小于 0. 075 mm 细粒土的组成。

(一)仪器设备

(1)天平:感量 0. 001 g。

(2)移液管:为土的颗粒分析特制的 25 mL 移液管,管端侧面开有四个小孔(见图 5-2)。

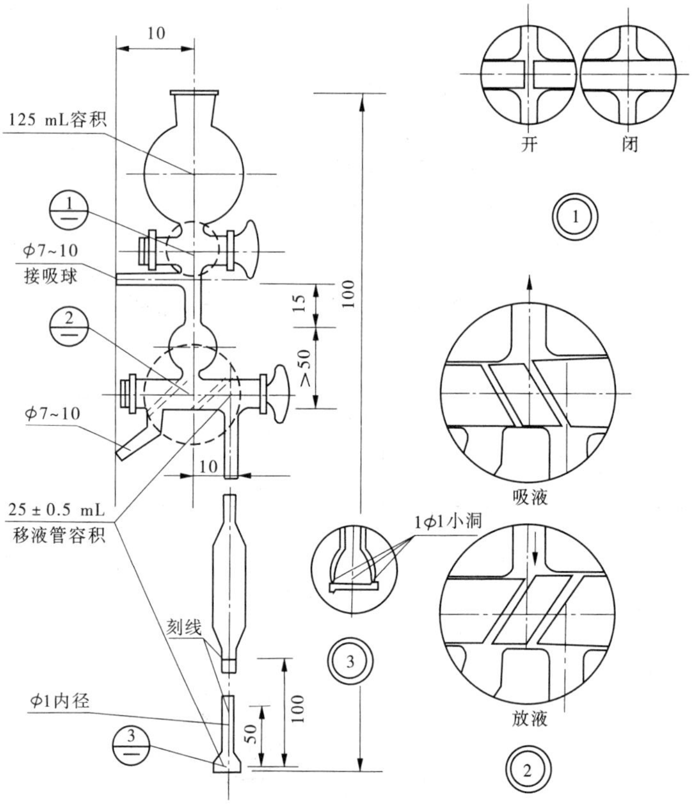

图 5-2　移液管　(单位:mm)

(3)恒温水槽:高度应高于量筒。

(4)1 000 mL 量筒、50 mL 小烧杯(高型)等,其他与密度计法试验相同。

(二)操作步骤

(1)取代表性试样,黏质土为 10~15 g,砂类土为 20 g,按密度计法试验操作步骤的第(1)~(5)步制取悬液。

(2)将盛土样悬液的量筒放入恒温水槽,使悬液恒温至适当温度。试验中悬液温度变化不得大于±0.5 ℃。按式(5-8)计算粒径小于 0. 075 mm、0. 002 mm 和其他所需粒径下沉一定深度所需的静置时间:

$$t = \frac{L}{\frac{2}{9} \times 10^{-4} \times g \times r^2 \times \frac{\rho_s - \rho_{wt}}{\eta}} \tag{5-8}$$

式中　t——某粒径土粒下沉一定深度所需的静置时间,精确至0.01 s;

g——重力加速度,取981 cm/s^2;

r——土粒半径($d/2$),cm(原以mm表示的粒径在这里须化为cm);

ρ_s——土粒密度,g/cm^3;

ρ_{wt}——t ℃时水的密度,g/cm^3;

η——纯水的动力黏滞系数,10^{-6} kPa·s;

L——移液管浸入悬液深度,取10 cm。

(3)准备好50 mL小烧杯,称量,精确至0.001 g。

(4)准备好移液管,图5-2中活塞①应放在关闭位置上,旋转活塞②应放在与移液管及吸球相通的位置上。

(5)用搅拌器将悬液上下搅拌各约30次,时间为1 min,使悬液分布均匀。停止搅拌,立即开动秒表。

(6)根据各粒径的静置时间提前约10 s,将移液管放入悬液中,浸入深度为10 cm,靠连接自来水管所产生的负压或用吸球来吸取悬液。

(7)吸入悬液,至略多于25 mL,图5-2中旋转活塞②180°,使与放液管相通,再将多余悬液从放液口放出。

(8)将移液管下口放入已称量的小烧杯中,再旋转图5-2活塞②180°,使与移液管相通。同时用吸球将悬液(25 mL)全部注入小烧杯内。在移液管上口预先倒入蒸馏水,此时打开图5-2活塞①,使水流入移液管中,再将这部分水连同管内剩余颗粒冲入小烧杯内。

(9)将烧杯内悬液浓缩至半干,放入烘箱内在105~110 ℃温度下烘至恒量。称量小烧杯连同干土的质量,精确至0.001 g。

(三)成果整理

土中小于某粒径的颗粒含量百分数按式(5-9)或式(5-10)计算:

$$X = \frac{A \times 1\,000}{25 \times B} \times 100 \tag{5-9}$$

或

$$X = \frac{C}{B} \times 100, C = \frac{A \times 1\,000}{25} \tag{5-10}$$

式中　X——小于某粒径的颗粒含量百分数(%),精确至0.1%;

A——25 mL悬液中小于某粒径的颗粒烘干质量,g;

B——试样总质量,g;

C——1 000 mL悬液中小于某粒径的颗粒总质量,g。

如与筛分法联合分析,应将两段曲线绘成一平滑曲线。

(四)试验记录

移液管法颗粒分析试验记录格式如表5-5所示。

表 5-5　颗粒分析试验记录格式(移液管法)

工程名称:______________　>0.075 mm 颗粒含量(%):______________　试验者:______________

土样编号:______________　<0.075 mm 颗粒含量(%):______________　计算者:______________

土样说明:______________　试验日期:______________　校核者:______________

总干土质量:______________　取样深度:______________　土粒比重:______________

粒径/mm	杯号	杯+土质量/g	杯质量/g	25 mL 吸管内土质量/g	1 000 mL 量筒内土质量/g	小于某粒径土质量百分数/%	小于某粒径土质量占总土质量百分数/%
(1)	(2)	(3)	(4)	(5)	(6)	(7)	

第六章 砂的相对密实度试验

一、基本知识

相对密实度是砂紧密程度的指标，等于其最大孔隙比与天然孔隙比之差和最大孔隙比与最小孔隙比之差的比值。

砂的相对密实度试验的目的是求无凝聚性土的最大孔隙比与最小孔隙比，用于计算相对密度，借此了解该土在自然状态或经压实后的松紧情况和土粒结构的稳定性。

二、砂的相对密实度试验

本试验适用于最大颗粒直径小于 5 mm，且粒径 2~5 mm 范围内的试样质量不大于试样总质量 15%的砂土。

(一)仪器设备

(1)量筒：容积为 500 mL 及 1 000 mL 两种，后者内径应大于 60 mm。

(2)长颈漏斗：颈管内径约 12 mm，颈口磨平(见图 6-1)。

(3)锥形塞：直径约 15 mm 的圆锥体镶于铁杆上(见图 6-1)。

(4)砂面拂平器(见图 6-1)。

(5)电动最小孔隙比仪，如无此种仪器，可用(6)~(8)设备。

(6)金属容器，有以下两种：①容积 250 mL，内径 50 mm，高度 127 mm；②容积 1 000 mL，内径 100 mm，高度 127 mm。

(7)振动仪(见图 6-2)。

(8)击锤：锤重 1.25 kg，高度 150 mm，锤座直径 50 mm，如图 6-3 所示。

(9)天平：感量 1 g。

(二)操作步骤

1. 最大孔隙比的测定

(1)取代表性试样约 1.5 kg，充分风干(或烘干)，用手搓揉或用圆木棍在橡皮板上碾散，并拌和均匀。

(2)将锥形塞杆自漏斗下口穿入，并向上提起，使锥体堵住漏斗管口，一并放入容积 1 000 mL 的量筒中，使其下端与量筒底相接。

(3)称取试样 700 g，精确至 1 g，均匀倒入漏斗中，将漏斗与塞杆同时提高，移动塞杆使锥体略离开管口，管口应始终保持高出砂面 1~2 cm，使试样缓慢且均匀分布地落入量筒中。

(4)试样全部落入量筒后取出漏斗与锥形塞，用砂面拂平器将砂面拂平，勿使量筒振动，然后测读砂样体积，估读至 5 mL。

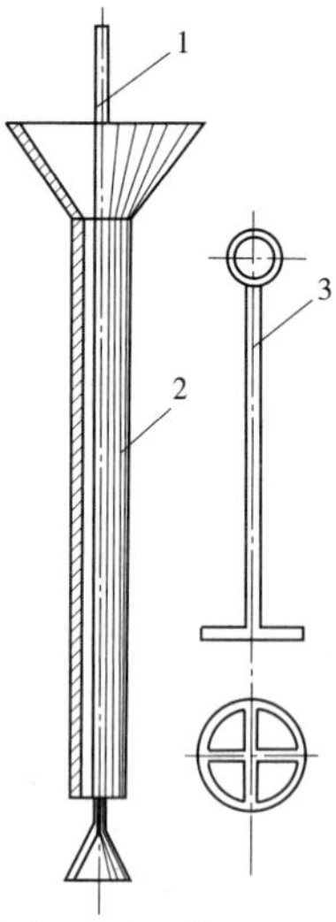

1—锥形塞；2—长颈漏斗；3—拂平器。

图 6-1 长颈漏斗

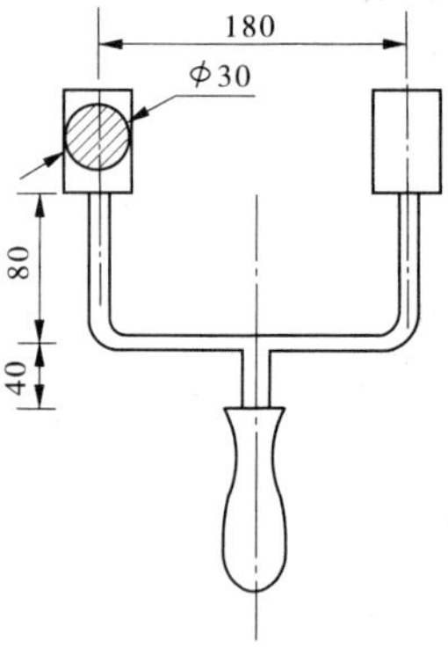

图 6-2 振动仪 （单位：mm）

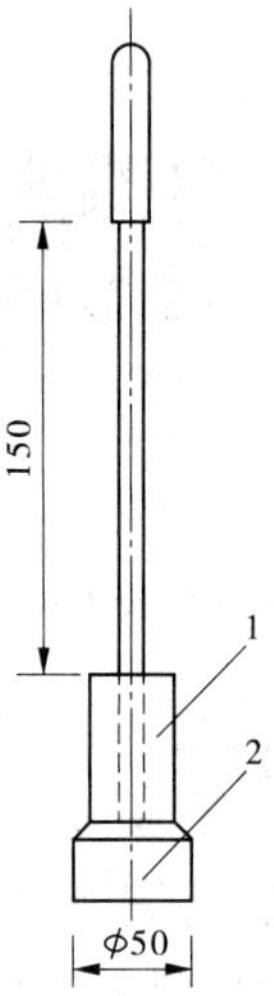

1—击锤；2—锤座。

图 6-3 击锤 （单位：mm）

（5）以手掌或橡皮塞堵住量筒口，将量筒倒转，缓慢地转动量筒内的试样，并回到原来位置，如此重复几次，记下体积的最大值，估读至 5 mL。

（6）取上述两种方法测得的较大体积值，计算最大孔隙比。

2. 最小孔隙比的测定

（1）取代表性试样约 4 kg，充分风干（或烘干），用手搓揉或用圆木棍在橡皮板上碾散，并拌和均匀。

（2）分三次倒入容器进行振击，先取上述试样 600～800 g（其数量应使振击后的体积略大于容器容积的 1/3）倒入 1 000 mL 容器内，用振动仪以各 150～200 次/min 的速度敲打容器两侧，并同时用击锤以 30～60 次/min 的频率锤击试样顶面，直至砂样体积不变（每层需 5～10 min）。敲打时要用足够的力量使试样处于振动状态；振击时，粗砂可用较少击数，细砂应用较多击数。

（3）如用电动最小孔隙比试验仪，当试样同上法装入容器后，开动电机，进行振击试验。

（4）按第(2)步进行后两次加土的振动和锤击，第三次加土时应先在容器口上安装套环。

（5）最后一次振毕，取下套环，用削土刀齐容器顶面削去多余试样，称量，精确至 1 g，计算其最小孔隙比。

（三）成果整理

（1）按式(6-1)、式(6-2)计算最小干密度与最大干密度：

$$\rho_{\mathrm{d\,min}} = \frac{m}{V_{\max}} \tag{6-1}$$

$$\rho_{\mathrm{d\,max}} = \frac{m}{V_{\min}} \tag{6-2}$$

式中 $\rho_{\mathrm{d\,min}}$——最小干密度，精确至 0.01 g/cm^3；

$\rho_{d\max}$——最大干密度，精确至 0.01 g/cm^3；

m——试样质量，g；

$V_{\max}$——试样最大体积，cm^3；

$V_{\min}$——试样最小体积，cm^3。

(2)按式(6-3)、式(6-4)计算最大孔隙比与最小孔隙比：

$$e_{\max}=\frac{\rho_w G_s}{\rho_{d\min}}-1 \tag{6-3}$$

$$e_{\min}=\frac{\rho_w G_s}{\rho_{d\max}}-1 \tag{6-4}$$

(3)按式(6-5)计算相对密实度：

$$D_r=\frac{e_{\max}-e_0}{e_{\max}-e_{\min}} \tag{6-5}$$

式中　D_r——相对密实度，精确至 0.01；

e_0——天然孔隙比或填土的相应孔隙比。

(4)最小干密度与最大干密度，均须进行两次平行测定，其平行差值不得超过 0.03 g/cm^3，否则应重做试验，取两次测值的算术平均值。

(四)试验记录

砂的相对密实度试验记录格式如表 6-1 所示。

表 6-1　砂的相对密实度试验记录格式

工程名称：______________　　　　试验者：______________

土样编号：______________　　　　计算者：______________

试验日期：______________　　　　校核者：______________

试验项目			最大孔隙比		最小孔隙比		备注
试验方法			漏斗法		振击法		
试样+容器质量/g	(1)						
容器质量/g	(2)						
试样质量/g	(3)	(1)-(2)					
试样体积/cm^3	(4)						
干密度/(g/cm^3)	(5)	(3)/(4)					
平均干密度/(g/cm^3)	(6)						
比重 G_s	(7)						
孔隙比(e)	(8)						
天然干密度/(g/cm^3)	(9)						
天然孔隙比 e_0	(10)						
相对密实度 D_r	(11)						

第七章 界限含水率试验

一、基本知识

黏性土的状态随着含水率的变化而变化，当含水率不同时，黏性土可分别处于固态、半固态、可塑状态及流动状态，黏性土从一种状态转到另一种状态的分界含水率称为界限含水率。土从流动状态转到可塑状态的界限含水率称为液限 ω_L，土从可塑状态转到半固体状态的界限含水率称为塑限 ω_P。土的塑性指数 I_P 是指液限与塑限的差值，由于塑性指数在一定程度上综合反映了影响黏性土特征的各种重要因素，因此黏性土常按塑性指数进行分类。土的液性指数 I_L 是指黏性土的天然含水率和塑限的差值与塑性指数之比，液性指数可被用来表示黏性土所处的软硬状态。所以，土的界限含水率是计算土的塑性指数和液性指数不可缺少的指标，土的界限含水率还是估算地基土承载力等的一个重要依据。

二、液、塑限联合测定法

(1)液、塑限联合测定法含水率试验的目的是联合测定土的液限和塑限，用于划分土类、计算天然稠度和塑性指数，供公路工程设计和施工使用。

(2)本试验适用于粒径不大于 0.5 mm、有机质含量不大于试样总质量 5%的土。

(一)仪器设备

(1)液塑限联合测定仪(见图 7-1)，应包括带标尺的圆锥仪、电磁铁、显示屏、控制开关和试验样杯。圆锥质量为 100 g 或 76 g，锥角为 30°。

(2)盛土杯：内径 50 mm，深度 40~50 mm。

(3)天平：感量 0.01 g。

(4)其他：筛(孔径 0.5 mm)、调土刀、调土皿、称量盒、研钵(附带橡皮头的研杵或橡皮板、木棒)、干燥器、吸管、凡士林等。

(二)操作步骤

(1)取有代表性的天然含水率或风干土样进行试验。如土中含粒径大于 0.5 mm 的土粒或杂物，应将风干土样用带橡皮头的研杵研碎或用木棒在橡皮板上压碎，过 0.5 mm 筛。

取 0.5 mm 筛下的代表性土样至少 600 g，分开放入三个盛土皿中，加不同数量的纯水，土样的含水率分别控制在液限(a 点)、略大于塑限(c 点)和二者的中间状态(b 点)。用调土刀调匀，盖上湿布，放置 18 h 以上。测定 a 点的锥入深度，对于 100 g 锥应为

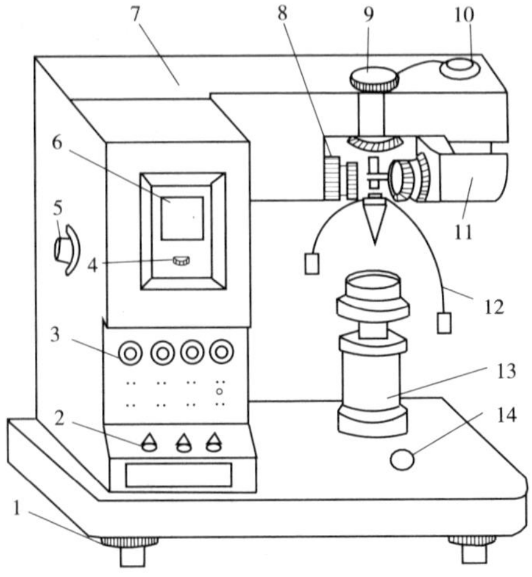

1—水平调节螺丝；2—控制开关；3—指示灯；4—零线调节螺丝；5—反光镜调节螺丝；

6—屏幕；7—机壳；8—物镜调节螺丝；9—电磁装置；10—光源调节螺丝；

11—光源；12—圆锥仪；13—升降台；14—水平泡。

图 7-1　光电式液塑限联合测定仪

(20±0.2) mm，对于 76 g 锥应为(17±0.2) mm。测定 c 点的锥入深度，对于 100 g 锥应控制在 5 mm 以下，对于 76 g 锥应控制在 2 mm 以下。对于砂类土，用 100 g 锥测定 c 点的锥入深度可大于 5 mm，用 76 g 锥测定 c 点的锥入深度可大于 2 mm。

(2)将制备的土样充分搅拌均匀，分层装入盛土杯，用力压密，使空气逸出。对于较干的土样，应先充分搓揉，用调土刀反复压实。试杯装满后，刮成与杯边齐平。

(3)当用游标式或百分表式液限塑限联合测定仪试验时，调平仪器，提起锥杆(此时游标或百分表读数为零)、锥头上涂少许凡士林。

(4)将装好土样的试杯放在联合测定仪的升降座上，转动升降旋钮，待锥尖与土样表面刚好接触时停止升降，扭动锥下降旋钮，经 5 s 时，锥体停止下落，此时游标读数即为锥入深度 h_1。

(5)改变锥尖与土接触位置(锥尖两次锥入位置距离不小于 1 cm)，重复以上第(3)、(4)步，得锥入深度 h_2。h_1、h_2 允许平行误差为 0.5 mm，否则应重做试验。取 h_1、h_2 平均值作为该点的锥入深度 h。

(6)去掉锥尖入土处的凡士林，取 10 g 以上的土样两个，分别装入称量盒内，称质量(精确至 0.01 g)，测定其含水率 ω_1、ω_2(精确到 0.1%)。计算含水率平均值 ω。

(7)重复以上第(2)~(6)步，对其他两个含水率土样进行试验，测其锥入深度和含水率。

(三)成果整理

(1)在双对数坐标纸上，以含水率 ω 为横坐标，锥入深度 h 为纵坐标，点绘 a、b、c 三点含水率的 h-ω 图(见图 7-2)。连此三点，应呈一条直线。如三点不在同一直线上，要通过 a 点与 b、c 两点连成两条直线，根据液限(a 点含水率)在 h_p-w_L 图上查得 h_P，以此 h_P

再在 $h-w$ 的 ab 及 ac 两直线上求出相应的两个含水率。当两个含水率的差值小于 2%时，以该两点含水率的平均值与 a 点连成一直线；当两个含水率的差值不小于 2%时，应重做试验。

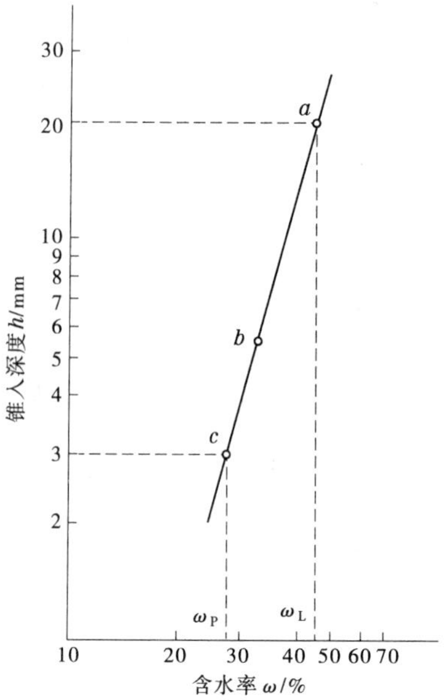

图 7-2　锥入深度与含水率（$h-\omega$）关系

（2）液限的确定方法。

①若采用 76 g 锥做液限试验，则在 $h-\omega$ 图上，查得纵坐标入土深度 $h=17$ mm 所对应的横坐标的含水率 ω，即为该土样的液限 ω_L。

②若采用 100 g 锥做液限试验，则在 $h-\omega$ 图上，查得纵坐标入土深度 $h=20$ mm 所对应的横坐标的含水率 ω，即为该土样的液限 ω_L。

（3）塑限的确定方法。

①根据上述液限确定方法①中求出的液限，通过 76 g 锥入土深度 h 与含水率 ω 的关系曲线（见图 7-2），查得锥入土深度为 2 mm 所对应的含水率，即为该土样的塑限 ω_P。

②采用 100 g 锥时，根据上述液限确定方法②中求出的液限，通过液限 ω_L 与塑限时入土深度 h_P 的关系曲线（见图 7-3），查得 h_P，再由图 7-2 求出入土深度为 h_P 时所对应的含水率，即为该土样的塑限 ω_P。查 $h_P-\omega_L$ 关系图时，须先通过简易鉴别法及筛分法把砂类土与细粒土区别开来，再按这两种土分别采用相应的 $h_P-\omega_L$ 关系曲线；对于细粒土，用双曲线确定 h_P 值；对于砂类土，则用多项式曲线确定 h_P 值。

（4）计算塑性指数 $I_P=\omega_L-\omega_P$。

（5）本试验应进行两次平行测定，其允许差值为：高液限土≤2%，低液限土≤1%，若不满足要求，则应重新试验。取两次测值的算术平均值，保留至小数点后一位。

（四）试验记录

液限塑限联合试验记录格式如表 7-1 所示。

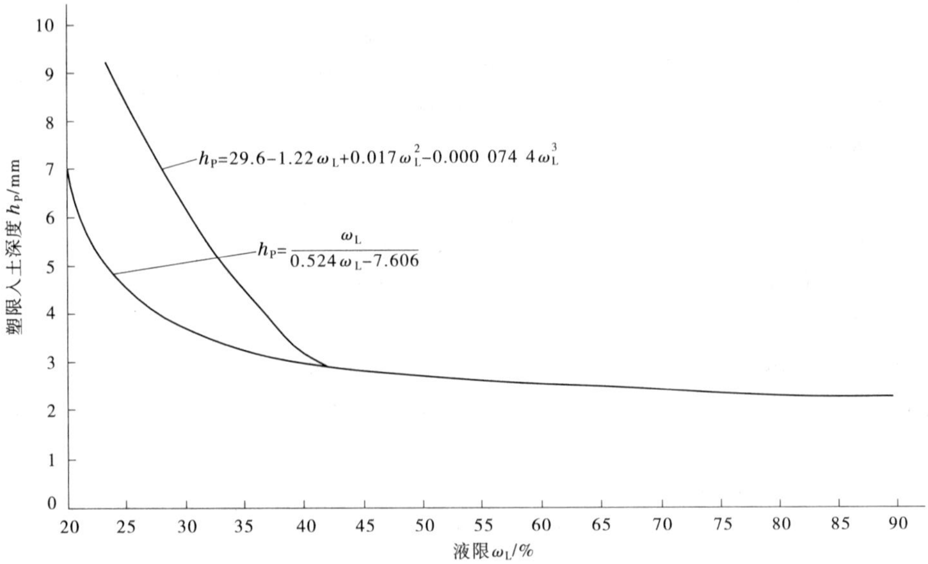

图 7-3　h_P-ω_L 关系曲线

表 7-1　液限塑限联合试验记录格式

工程名称:______________　　　　　试验者:______________

土样编号:______________　　　　　计算者:______________

取土深度:______________　　　　　校核者:______________

土样制备:______________　　　　　试验日期:____________

试验次数	试验项目				结果
入土深度	h_1				液限 ω_L = 塑限 ω_P = 塑性指数 I_P =
	h_2				
	$\frac{1}{2}(h_1-h_2)$				
含水率	盒号				
	盒质量/g				
	盒+湿土质量/g				
	盒+干土质量/g				
	水分质量/g				
	干土质量/g				
	含水率/%				

三、塑限滚搓法

塑限滚搓法测定界限含水率试验的目的是按滚搓法测定土的塑限，适用于粒径小于0.5 mm以及有机质含量不大于试样总质量5%的土。

（一）仪器设备

（1）毛玻璃板：尺寸宜为200 mm×300 mm。

（2）天平：感量0.01 g。

（3）其他：烘箱、干燥器、称量盒、调土皿、直径3 mm的铁丝等。

（二）操作步骤

（1）按液、塑限联合测定法操作步骤第（1）步制备试样，一般取土样约50 g备用。为在试验前使试样的含水率接近塑限，可将试样在手中捏揉至不粘手，或放在空气中稍微晾干。

（2）取含水率接近塑限的试样一小块，先用手搓成椭圆形，然后用手掌在毛玻璃板上轻轻搓滚。搓滚时须以手掌均匀施压力于土条上，不得将土条在玻璃板上进行无压力的滚动。土条长度不宜超过手掌宽度，并在滚搓时不应从手掌下任一边脱出。土条在任何情况下不允许产生中空现象。

（3）继续搓滚土条，直至土条直径达3 mm时，产生裂缝并开始断裂。若土条搓成3 mm时仍未产生裂缝及断裂，表示这时试样的含水率高于塑限，则将其重新捏成一团，重新搓滚；如土条直径大于3 mm即行断裂，表示试样含水率小于塑限，应弃去，重新取土加适量水调匀后再搓，直至合格。若土条在任何含水率下始终搓不到3 mm即开始断裂，则认为该土无塑性。

（4）收集3~5 g合格的断裂土条，放入称量盒内，随即盖紧盒盖，测定其含水率。

（三）成果整理

（1）按式（7-1）计算塑限：

$$\omega_P = \left(\frac{m_1}{m_2} - 1\right) \times 100\% \tag{7-1}$$

式中 ω_P——塑限，精确至0.1%；

m_1——湿土质量，g；

m_2——干土质量，g。

（2）塑限结果保留至小数点后一位。

（四）试验记录

塑限滚搓法试验记录格式如表7-2所示。

四、缩限试验

土的缩限是指重塑后的黏质土从饱和状态干燥收缩至体积不变时的界限含水率。本试验适用于粒径小于0.5 mm和有机质含量不超过5%的土。

表 7-2　塑限滚搓法试验记录格式

工程编号:______　试验日期:______　土样说明:______

计 算 者:______　试 验 者:______　校 核 者:______

盒号		1	2
盒质量/g	(1)		
盒+湿土质量/g	(2)		
盒+干土质量/g	(3)		
水分质量/g	(4)=(2)-(3)		
干土质量/g	(5)=(3)-(1)		
塑限/%	$(6)=\frac{(4)}{(5)}$		
平均塑限/%	(7)		

(一)仪器设备

(1)收缩皿(或环刀):内径4.5~5 cm,高2~3 cm。

(2)天平:感量0.01 g。

(3)电热恒温烘箱或其他含水率测定装置。

(4)卡尺:分度值0.02 mm。

(5)其他:蜡、烧杯、细线、针,制备含水率大于液限的土样所需的仪器。

(二)操作步骤

(1)制备土样:取具有代表性的土样,制备成含水率大于液限的土膏。

(2)在收缩皿内涂一薄层凡士林,将土样分层装入皿内,每次装入后将皿底拍击试验台,直至驱尽气泡。

(3)土样装满后,用刀或直尺刮去多余土样,立即称收缩皿加湿土质量。

(4)将盛满土样的收缩皿放在通风处风干,待土样颜色变淡后,放入烘箱中烘至恒量,然后放在干燥器中冷却。

(5)称收缩皿和干土总质量,精确至0.01 g。

(6)采用蜡封法测定试样体积。

(三)成果整理

(1)缩限用式(7-2)计算:

$$\omega_S = \omega - \frac{V_1 - V_2}{m_s} \times \rho_w \times 100\% \tag{7-2}$$

式中　ω_S——缩限,精确至0.1%;

ω——试验前试样含水率(%);

V_1——湿试件体积(收缩皿容积),cm^3;

V_2——干试件体积,cm^3;

m_s——干试件质量,g;

ρ_w——水的密度,$\rho_w = 1\ g/cm^3$。

(2)收缩指数:液限与缩限之差称收缩指数,按式(7-3)计算:

$$I_S = \omega_L - \omega_S \tag{7-3}$$

式中 I_S——收缩指数,精确至0.1%;

ω_L——土的液限(%)。

(3)本试验应进行两次平行测定,其允许差值为:高液限土≤2%,低液限土≤1%,若不满足要求,则应重新试验。取两次测值的算术平均值,保留至小数点后一位。

(四)试验记录

扰动土缩限试验记录格式如表7-3所示。

表7-3 扰动土缩限试验记录格式

工程名称:__________ 试验者:__________

土样编号:__________ 计算者:__________

土样说明:__________ 校核者:__________

土样制备说明:__________ 试验日期:__________

室内编号		I		Ⅱ	
收缩皿编号					
液限 $\omega_L/\%$					
皿+湿土质量 m_1/g					
皿+干土质量 m_2/g					
皿的质量 m_3/g					
含水率 $\omega/\%$	$\dfrac{m_1 - m_2}{m_2 - m_3} \times 100\%$				
皿的容积 V_1/cm^3					
干土体积 V_2/cm^3					
缩限平均值 $\omega_S/\%$	$\omega_S = \omega - \dfrac{V_1 - V_2}{m_2 - m_3}\rho_w \times 100\%$				
收缩指数 I_S	$\omega_L - \omega_S$				

第八章 击实试验

一、基本知识

土的压实程度与含水率、压实功能和压实方法有着密切的关系，当压实功能和压实方法不变时，土的干密度先是随着含水率的增加而增加，但当干密度达到某一最大值后，含水率的增加反而使干密度减小。能使土达到最大密度的含水率，称为最优含水率 ω_{op}，其相应的干密度称为最大干密度 ρ_{dmax}。

击实试验分轻型击实试验和重型击实试验。轻型击实试验适用于粒径小于 5 mm 的黏性土；重型击实试验适用于粒径不大于 20 mm 的土。

二、击实试验

击实试验方法和相应设备的主要参数应符合表 8-1 的规定。

表 8-1　击实试验方法种类

试验方法	类别	锤底直径/cm	锤质量/kg	落高/cm	试筒尺寸		试样尺寸		层数	每层击数	最大粒径/mm
					内径/cm	高/cm	高度/cm	体积/cm^3			
轻型	Ⅰ-1	5	2.5	30	10	12.7	12.7	997	3	27	20
	Ⅰ-2	5	2.5	30	15.2	17	12	2 177	3	59	40
重型	Ⅱ-1	5	4.5	45	10	12.7	12.7	997	5	27	20
	Ⅱ-2	5	4.5	45	15.2	17	12	2 177	3	98	40

(一)仪器设备

(1)标准击实仪有轻型击实仪和重型击实仪两类，如图 8-1 所示。击锤与导筒见图 8-2。

(2)烘箱及干燥器。

(3)电子天平：称量 2 000 g，感量 0.01 g；称量 10 kg，感量 1 g。

(4)圆孔筛：孔径 40 mm、20 mm 和 5 mm 各 1 个。

(5)拌和工具：400 mm×600 mm、深 70 mm 的金属盘、土铲。

(6)其他：喷水设备、碾土器、盛土盘、量筒、推土器、铝盒、削土刀、平直尺等。

(二)操作步骤

(1)根据土的性质和工程要求，按表 8-1 的规定选择轻型或重型试验方法，选用干土

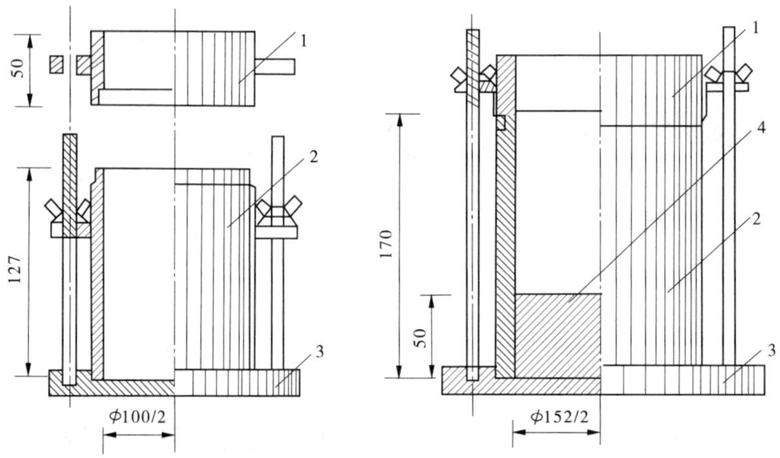

(a)轻型击实仪　　(b)重型击实仪

1—套筒;2—击实筒;3—底板;4—垫板。

图 8-1　击实仪　(单位:mm)

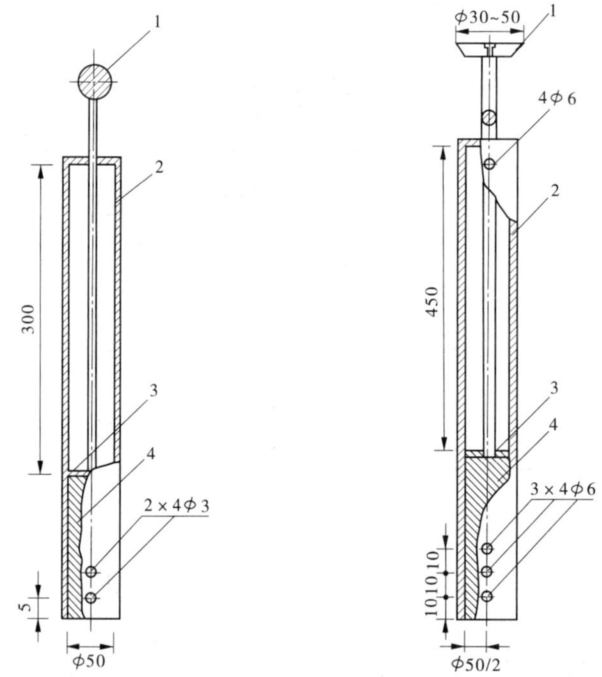

(a)2.5 kg击锤
(落高30 cm)

(b)4.5 kg击锤
(落高45 cm)

1—提手;2—导筒;3—硬橡皮垫;4—击锤。

图 8-2　击锤和导筒　(单位:mm)

法或湿土法。

(2)称取试筒质量 m_1,精确至 1 g。将击实筒放在坚硬的地面上,在筒壁上抹一薄层凡士林,并在筒底(小试筒)或垫块(大试筒)上放置蜡纸或塑料薄膜。取制备好的土样分

3~5 次倒入筒内。小筒按三层法时，每次 800~900 g(其量应使击实后的试样等于或略高于筒高的 1/3)；按五层法时，每次 400~500 g(其量应使击实后的土样等于或略高于筒高的 1/5)。对于大试筒，先将垫块放入筒内底板上，按三层法，每层需试样 1 700 g 左右。整平表面，并稍加压紧，然后按规定的击数进行第一层土的击实，击实时击锤应自由垂直落下，锤迹必须均匀分布于土样面，第一层击实完后，将试样层面“拉毛”然后装入套筒，重复上述方法进行其余各层土的击实。小试筒击实后，试样不应高出筒顶面 5 mm；大试筒击实后，试样不应高出筒顶面 6 mm。

(3)用削土刀沿套筒内壁削刮，使试样与套筒脱离后，扭动并取下套筒，齐筒顶细心削平试样，拆除底板，擦净筒外壁，称筒与土的总质量 m_2，精确至 1 g。

(4)用推土器推出筒内试样，从试样中心处取代表性的土样测其含水率，计算至 0.1%。测定含水率用试样的数量符合表 8-2 的规定。

表 8-2　测定含水率用试样的数量

最大粒径/mm	试样质量/g	个数
<5	约 100	2
约 5	约 200	1
约 20	约 400	1
约 40	约 800	1

(三)成果整理

(1)按式(8-1)计算击实后各点的干密度：

$$\rho_d = \frac{\rho}{1+\omega} \tag{8-1}$$

式中　ρ_d——干密度，精确至 0.01 g/cm³；

ρ——湿密度，精确至 0.01 g/cm³；

ω——含水率(%)。

(2)以干密度为纵坐标，含水率为横坐标，绘制干密度与含水率的关系曲线，曲线上峰值点的纵、横坐标分别为最大干密度和最优含水率。如曲线不能绘出明显的峰值点，应进行补点或重做。

(3)当试样中有粒径大于 40 mm 的颗粒时，应先取出大于 40 mm 的颗粒，并求得其百分率 p，把小于 40 mm 的部分做击实试验，按相应公式分别对试验所得的最大干密度和最优含水率进行校正(适用于粒径大于 40 mm 颗粒的含量小于 30%时)。

最大干密度按式(8-2)校正：

$$\rho'_{d\max} = \frac{1}{\dfrac{1-p}{\rho_{d\max}} + \dfrac{p}{\rho_w G'_s}} \tag{8-2}$$

式中　$\rho'_{d\max}$——校正后的最大干密度，精确至 0.01 g/cm³；

$\rho_{d\max}$——用粒径小于 40 mm 的土样试验所得的最大干密度，g/cm^3；

p——试料中粒径大于 40 mm 颗粒的百分率（%）；

G_s'——粒径大于 40 mm 颗粒的毛体积比重，精确至 0.01。

最优含水率按式（8-3）校正：

$$\omega_0' = \omega_0(1 - p) + p\omega_2 \tag{8-3}$$

式中　ω_0'——校正后的最优含水率，计算至 0.1%；

ω_0——粒径小于 40 mm 的土样试验所得的最优含水率（%）；

ω_2——粒径大于 40 mm 颗粒的吸水量（%）。

（4）最大干密度精确至 0.01 g/cm^3，最优含水率精确至 0.1%。

（四）试验记录

击实试验记录格式如表 8-3 所示。

表 8-3　击实试验记录格式

校核者：__________　　计算者：__________　　试验者：__________

试验次数					1	2	3	4	5
干密度	加水量	g							
	筒加土重	g	(1)						
	筒重	g	(2)						
	湿土重	g	(3)	(1)-(2)					
	筒体积	cm^3	(4)						
	密度	g/cm^3	(5)	$\frac{(3)}{(4)}$					
	干密度	g/cm^3	(6)	$\frac{(5)}{1+\omega}$					
含水率	盒号								
	盒+湿土质量	g	(1)						
	盒+干土质量	g	(2)						
	盒质量	g	(3)						
	水质量	g	(4)	(1)-(2)					
	干土质量	g	(5)	(2)-(3)					
	含水率	%	(6)	$\frac{(4)}{(5)}$					
	平均含水率	%							
最大干密度：						最优含水率：			

第九章 固结试验

一、基本知识

固结试验(或称压缩试验)是研究土的压缩性的最基本方法。固结试验是将天然状态下的原状土或人工制备的扰动土,制备成一定规格的土样,然后置于固结仪内,在不同荷载和在完全侧限条件下测定土的压缩变形。通过固结试验,可以测定试样在侧限与轴向排水条件下的变形与压力的关系、孔隙比与压力的关系及变形与时间的关系,从而计算压缩系数 a、压缩模量 E_s、体积压缩系数 m_V、压缩指数 C_c、回弹指数 C_s、竖向固结系数 C_V 以及先期固结压力 p_c。

根据工程需要,固结试验可以分为三种类型:标准固结试验、快速固结试验和应变控制连续加荷固结试验。

(1)标准固结试验是指天然状态下的原状土或人工制备的扰动土,制备成一定规格的土样,然后在侧限与轴向排水条件下测定土在不同荷载下的压缩变形,且试样在每级压力下的固结稳定时间为 24 h。

(2)对于沉降计算精度要求不高,而渗透性又较大且不需要求固结系数的土,可采用快速固结试验方法。快速固结试验方法规定在各级压力下的固结时间为 1 h,仅最后一级压力延长至 24 h,并以等比例综合固结度进行修正。

(3)应变控制连续加荷固结试验是试样在侧限和轴向排水条件下,采用应变速率控制方法在试样上连续加荷,并测定试样的固结量和固结速率以及底部孔隙水压力。

二、标准固结试验

(1)标准固结试验的目的是测定土的单位沉降量、压缩系数、压缩模量、压缩指数、回弹指数、固结系数,以及原状土的先期固结压力等。

(2)本试验适用于饱和的细粒土,当只进行压缩试验时,可用于非饱和土。

(一)仪器设备

(1)固结仪:如图 9-1 所示,试样面积 30 cm^2 和 50 cm^2,高 2 cm。

(2)环刀:内径为 61.8 mm 和 79.8 mm,高度为 20 mm。环刀应具有一定的刚度,内壁应保持较高的光洁度,宜涂一薄层硅脂或聚四氟乙烯。

(3)透水石:由氧化铝或耐腐蚀的金属材料组成,其渗透系数应大于土体渗透系数 1 个数量级以上。当用固定式容器时,顶部透水石直径小于环刀内径 0.2~0.5 mm;当用浮环式容器时,上下部透水石直径都与浮环内径相等。

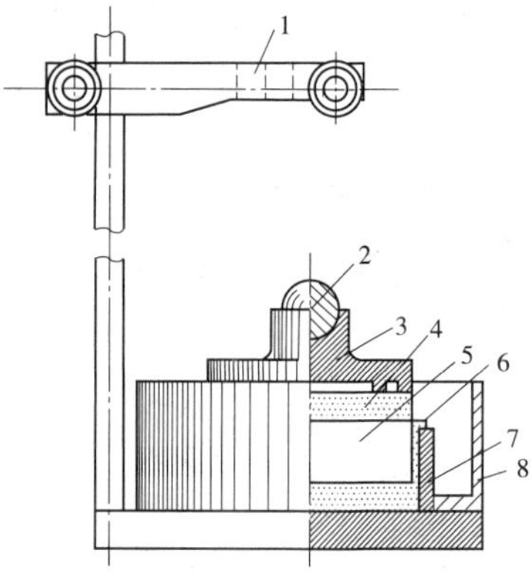

1—量表架;2—钢珠;3—加压上盖;4—透水石;5—试样;6—环刀;7—护环;8—水槽。

图 9-1　固结仪

(4)变形量测设备:量程 10 mm、最小分度为 0.01 mm 的百分表或零级位移传感器。

(5)其他:天平、秒表、烘箱、钢丝锯、刮土刀、铝盒等。

(二)试样

(1)根据工程需要切取原状土样或制备所需湿度的扰动土样。切取原状土样时,应使试样在试验时的受压情况与天然土层受外荷方向一致。

(2)用钢丝锯将土样修成略大于环刀直径的土柱。然后用手轻轻将环刀垂直下压,边压边修,直至环刀装满土样。再用刮刀修平两端,同时注意刮平试样时,不得用刮刀往复涂沫土面。在切削过程中,应细心观察试样并记录其层次、颜色和有无杂质等。

(3)擦净环刀外壁,称环刀与土总质量,精确至 0.1 g,并取环刀两面修下的土样测定含水率。试样需要饱和时,应进行抽气饱和。

(三)操作步骤

(1)将准备好试样的环刀外壁擦净,将刀口向下放入护环内。

(2)底板上放入下透水石、滤纸。将护环与试样一起放入容器内,土样上面覆滤纸、上透水石,然后放下加压导环和传压活塞,使各部密切接触,保持平稳。

(3)将压缩容器置于加压框架正中,密合传压活塞及横梁,预加 1.0 kPa 压力,使固结仪各部分紧密接触,装好百分表,并调整读数至零。

(4)去掉预压荷载,立即加第一级荷载。加砝码时应避免冲击和摇晃,在加上砝码的同时,立即开动秒表。荷载等级一般规定为 50 kPa、100 kPa、200 kPa、300 kPa、400 kPa 和 600 kPa。根据土的软硬程度,第一级荷载可考虑用 25 kPa。如需进行高压固结,则压力可增加至 800 kPa、1 600 kPa 和 3 200 kPa。最后一级的压力应大于上覆土层的计算压力 100~200 kPa。

(5)如为饱和试样,则在施加第一级荷载后,立即向容器中注水至满。如为非饱和试样,须以湿棉纱围住上下透水面四周,避免水分蒸发。

(6)如须确定原状土的先期固结压力,荷载率宜小于 1,可采用 0.5 或 0.25,最后一级荷载应大于 1 000 kPa,使 e-lg$p$ 曲线下端出现直线段。

(7)如须测定沉降速率、固结系数等指标,一般按 0 s、15 s、1 min、2 min、4 min、6 min、

9 min、12 min、16 min、20 min、25 min、35 min、45 min、60 min、90 min、2 h、4 h、10 h、23 h、24 h 至稳定。固结稳定的标准是最后 1 h 变形量不超过 0.01 mm。

当不须测定沉降速度时，则施加每级压力后 24 h，测记试样高度变化作为稳定标准，当试样渗透系数大于 10^{-5} cm/s 时允许以主固结完成作为相对稳定标准。按此步骤逐级加压至试验结束。

注：测定沉降速率仅适用于饱和土。

(8) 试验结束后拆除仪器，小心取出完整土样，称其质量，并测定其终结含水率（如不须测定试验后的饱和度，则不必测定终结含水率），并将仪器洗干净。

（四）成果整理

1. 计算

(1) 按式(9-1)计算初始孔隙比：

$$e_0 = \frac{\rho_s(1 + \omega_0)}{\rho_0} - 1 \tag{9-1}$$

(2) 按式(9-2)计算单位沉降量：

$$s_i = \frac{\sum \Delta h_i}{h_0} \times 1\ 000 \tag{9-2}$$

(3) 按式(9-3)计算各级荷载下变形稳定后的孔隙比 e_i：

$$e_i = e_0 - (1 + e_0) \times \frac{s_i}{1\ 000} \tag{9-3}$$

(4) 按式(9-4)计算某一荷载范围的压缩系数 a_v：

$$a_v = \frac{e_i - e_{i+1}}{p_{i+1} - p_i} = \frac{(s_{i+1} - s_i)(1 + e_0)/1\ 000}{p_{i+1} - p_i} \tag{9-4}$$

(5) 按式(9-5)、式(9-6)计算某一荷载范围内的压缩模量 E_s 和体积压缩系数 m_V：

$$E_s = \frac{p_{i+1} - p_i}{(s_{i+1} - s_i)/1\ 000} \tag{9-5}$$

$$m_V = \frac{1}{E_s} = \frac{a_v}{1 + e_0} \tag{9-6}$$

式中 E_s——压缩模量，精确至 0.01 kPa；

m_V——体积压缩系数，精确至 0.01 kPa^{-1}；

a_v——压缩系数，精确至 0.01 kPa^{-1}；

e_0——初始孔隙比，精确至 0.01；

ρ_s——土粒密度（数值上等于土粒比重），g/cm^3；

ω_0——初始含水率（%）；

ρ_0——初始密度，g/cm^3；

s_i——某一级荷载下的沉降量，精确至 0.1 mm/m；

$\Sigma\Delta h_i$——某一级荷载下的总变形量，等于该荷载下百分表读数（试样和仪器的变形量减去该荷载下的仪器变形量），mm；

h_0——初始高度，mm；

e_i——某一荷载下压缩稳定后的孔隙比，精确至0.01；

p_i——某一荷载值，kPa。

2. 制图

以沉降量或孔隙比为纵坐标，以压力为横坐标，作单位沉降量或孔隙比与压力的关系曲线。

(五)试验记录

固结试验记录格式如表9-1~表9-3所示。

表9-1　固结试验记录格式(一)

工程名称：＿＿＿＿＿＿　　试验者：＿＿＿＿＿＿

土样编号：＿＿＿＿＿＿　　计算者：＿＿＿＿＿＿

取土深度：＿＿＿＿＿＿　　校核者：＿＿＿＿＿＿

土样说明：＿＿＿＿＿＿　　试验日期：＿＿＿＿＿＿

含水试验

试样情况		盒+湿土质量/g	盒+干土质量/g	盒质量/g	水质量/g	干土质量/g	含水率/%
		(1)	(2)	(3)	(4)	(5)	(6)
		(1)	(2)	(3)	(1)-(2)	(2)-(3)	$\frac{(4)}{(5)}\times100\%$
试验前	饱和前						
	饱和后（或饱和土）						
试验后							

密度试验

试样情况		环刀+土质量/g	环刀质量/g	土质量/g	试样体积/cm^3	密度/(g/cm^3)
		(1)	(2)	(3)	(4)	(5)
		(1)	(2)	(1)-(2)	(4)	(3)/(4)
试验前	饱和前					
	饱和后(或饱和土)					
试验后						

孔隙比及饱和度计算 $G_s=2.75$

试样情况	试验前	试验后
含水率/%		
密度/(g/cm^3)		
孔隙比		
饱和度/%		

表 9-2　固结试验记录格式(二)

工程编号:____________　　土样编号:____________　　试验者:____________
仪器编号:____________　　土样说明:____________　　试验日期:____________

经过时间	压力/kPa									
	50		100		200		300		400	
	时间	读数	时间	读数	时间	读数	时间	读数	时间	读数
0										
0. 25 min										
1. 00 min										
2. 25 min										
4. 00 min										
6. 25 min										
9. 00 min										
12. 25 min										
16. 00 min										
20. 25 min										
25. 00 min										
30. 25 min										
36. 00 min										
42. 25 min										
60. 00 min										
23 h										
24 h										
总变形量/mm										
仪器变形量/mm										
试样总变形量/mm										

表 9-3　固结试验记录格式(三)

工程编号:____________　　土样编号:____________　　试验日期:____________
试验者:____________　　计算者:____________　　校核者:____________

密度 ρ =____________ g/cm^3　　比重 G_s =____________　　含水率 ω =____________%
试验前试样的高度 h_0 =____________ cm　　试验前孔隙比 e_0 =____________　　颗粒净高度 h_s =____________ cm

加荷时间/h	压力/kPa	试样总变形量/mm	压缩后试样高度/mm	单位沉降量/(mm/m)	孔隙比	平均试样高度/mm	单位沉降量差/(mm/m)	压缩模量/MPa	压缩系数/MPa^{-1}	排水距离/cm	固结系数/(10^{-3} cm^2/s)
t	p	$\sum\Delta h_i$	$h = h_0 - \sum\Delta h_i$	$s_i = \frac{\sum\Delta h_i}{h_0} \times 1\,000$	$e_i = e_0 - \frac{s_i(1+e_0)}{1\,000}$	$\bar{h} = \frac{h_1 + h_2}{2}$	$s_1 - s_2$	E_s	a_v	$\bar{h} = \frac{h_1 + h_2}{4}$	$C_v = \frac{T_V(\bar{h})^2}{t}$

三、快速固结试验

(1)快速固结试验采用快速方法测定土的单位沉降量、压缩系数、压缩模量、压缩指数、回弹指数、固结系数,以及原状土的先期固结压力等。

(2)本试验适用于饱和的细粒土,当只进行压缩试验时,可用于非饱和土。

(一)仪器设备

仪器设备与标准固结试验相同。

(二)操作步骤

试验步骤与标准固结试验的试验步骤相同。但各级荷载下的压缩时间规定为 1 h,最后一级荷载下加读到稳定沉降时的读数。固结稳定的标准是最后 1 h 变形量不超过 0.01 mm。

(三)成果整理

按式(9-7)计算各级荷载下试样校正后的总变形量:

$$\sum \Delta h_i = (h_i)_t \frac{(h_n)_T}{(h_n)_t} = K(h_i)_t \tag{9-7}$$

式中　$\sum \Delta h_i$——某一荷载下校正后的总变形量,mm;

$(h_i)_t$——同一荷载下压缩 1 h 的总变形量减去该荷载下的仪器变形量,mm;

$(h_n)_t$——最后一级荷载下压缩 1 h 的总变形量减去该荷载下的仪器变形量,mm;

$(h_n)_T$——最后一级荷载下达到稳定标准的总变形量减去该荷载下仪器变形量,mm;

K——大于 1 的校正系数,$K = \frac{(h_n)_T}{(h_n)_t}$。

(四)试验记录

快速法固结试验记录格式如表 9-4 所示,其余与标准固结试验相同。

表 9-4　快速法固结试验记录格式

工程编号:____________　　试验者:____________

土样编号:____________　　计算者:____________

试验日期:____________　　校核者:____________

试样原始高度 h_0 = ____________ cm　　$K = \dfrac{(h_n)_T}{(h_n)_t} =$ ____________

加荷时间/h	压力/kPa	校正前试样总变形量/mm	校正后试样总变形量/mm	压缩后试样高度/mm	单位沉降量/(mm/m)	备注
t	p	$(h_i)_t$	$\sum \Delta h_i = K(h_i)_t$	$h = h_0 - \sum \Delta h_i$	$s_i = \dfrac{\sum \Delta h_i}{h} \times 1\,000$	

第十章 土的直接剪切试验

一、基本知识

（一）概念

土的抗剪强度是指土体对于外荷载大气层产生的剪应力的极限抵抗能力。

土的剪切破坏是指土中某点由外力所产生的剪应力达到土的抗剪强度时，土就沿着剪应力作用方向产生相对滑动，该点便发生剪切破坏。

库仑定律是于18世纪70年代提出的，其表达式为：

$$\tau_f = c + \sigma\tan\varphi \tag{10-1}$$

式中　τ_f——土的抗剪强度，kPa；

σ——剪切滑动面上的法向应力，kPa；

c——土的黏聚力，kPa；

φ——土的内摩擦角，（°）。

（二）试验机制

按要求制备试样，每组试样不得少于4个，用环刀仔细切取试样，并测定土的密度与含水率，要求同组试样之间的密度差值不大于0.03 g/cm^3，含水量差值不大于2%。然后安装试样；测记初始读数；施加竖向压力；施加水平剪切荷载；同组试样竖向压力由第一个试样100 kPa，逐渐增加到第二个试样变为200 kPa，第三个试样为300 kPa，第四个试样为400 kPa，分别重复上述试验步骤。每组试验不得少于4个试验数据。如其中一个试样异常，则应补做一个试样。最后绘制抗剪强度与垂直压力的关系曲线即可得到抗剪强度指标。

（三）试验方法

直接剪切试验一般可分为慢剪、固结快剪和快剪三种试验方法。

直接剪切试验就是直接对试样进行剪切的试验，简称直剪试验，是测定土的抗剪强度的一种常用方法，通常采用4个试样，分别在不同的垂直压力p下，施加水平剪切力，测得试样破坏时的剪应力τ，然后根据库仑定律确定土的抗剪强度参数内摩擦角φ和黏聚力c。

二、直接剪切试验

本试验适用于测定细粒土和砂类土的抗剪强度指标。

（一）仪器设备

（1）应变控制式直剪仪：由剪切盒、垂直加荷设备、剪切传动装置、测力计和位移量测系统组成,如图 10-1 所示。

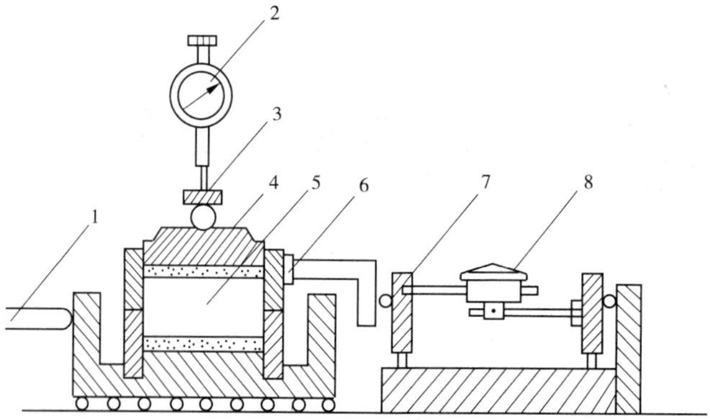

1—推动座;2—垂直位移百分表;3—垂直加荷框架;4—活塞;5—试样;6—剪切盒;7—测力计;8—测力百分表。

图 10-1　应变控制式直剪仪示意

(2)环刀:内径 61.8 mm,高 20 mm。

(3)位移量测设备:百分表或位移传感器。

(二)试样

1. 原状土试样制备

(1)每组试样制备不得小于 4 个。

(2)按土样上下层次小心开启原状土包装皮,将土样取出放正,整平两端。在环刀内壁涂一薄层凡士林,刀口向下,放在土样上。无特殊要求时,切土方向与天然土层层面垂直。

(3)将试验用的切土环刀内壁涂一薄层凡士林,刀口向下,放在试件上,用切土刀将试件削成略大于环刀直径的土柱。然后将环刀垂直向下压,边压边削,至土样伸出环刀上部,削平环刀两端,擦净环刀外壁,称环土总质量,精确至 0.1 g,并测定环刀两端所削下土样的含水率。试件与环刀要密合,否则应重取。

在切削过程中,应细心观察并记录试件的层次、气味、颜色,有无杂质,土质是否均匀,有无裂缝等。

如连续切取数个试件,应使含水率不发生变化。

视试件本身及工程要求,决定试件是否进行饱和,如不立即进行试验或饱和,则应将试件暂存于保湿器内。

切取试件后,剩余的原状土样用蜡纸包好置于保湿器内,以备补做试验之用。切削的余土做物理性试验。平行试验或同一组试件密度差值不大于±0.1 g/cm^3,含水率差值不大于 2%。

2. 试件饱和

根据土的性质,确定饱和方法。

砂类土:可直接在仪器内浸水饱和。

较易透水的黏性土:即渗透系数大于 10^{-4} cm/s 时,采用毛细管饱和法较为方便,或采用浸水饱和法。

不易透水的黏性土:即渗透系数小于 10^{-4} cm/s 时,采用真空饱和法。如土的结构性较弱,抽气可能发生扰动,不宜采用。

(三)操作步骤

1. 慢剪试验

(1)对准剪切容器上下盒,插入固定销,在下盒内放透水石和滤纸,将带有试样的环刀刃向上,对准剪盒口,在试样上放滤纸和透水石,将试样小心地推入剪切盒内。

(2)移动传动装置,使上盒前端钢珠刚好与测力计接触,依次加上传压板、加压框架,安装垂直位移量测装置,测记初始读数。

(3)根据工程实际和土的软硬程度施加各级垂直压力,然后向盒内注水;当试样为非饱和试样时,应在加压板周围包以湿棉花。

(4)施加垂直压力,每 1 h 测记垂直变形一次。试样固结稳定时的垂直变形值为每 1 h 不大于 0.005 mm。

(5)拔去固定销,以小于 0.02 mm/min 的速度进行剪切,并每隔一定时间测记测力计百分表读数,直至剪损。

(6)当测力计百分表读数不变或后退时,继续剪切至剪切位移为 4 mm 时停止,记下破坏值。当剪切过程中测力计百分表无峰值时,剪切至剪切位移达 6 mm 时停止。

(7)剪切结束,吸去盒内积水,退掉剪切力和垂直压力,移动压力框架,取出试样,测定其含水率。

2. 固结快剪试验

固结快剪试验的剪切速度为 0.8 mm/min,其余步骤与慢剪试验相同。

3. 快剪试验

快剪试验不需要慢剪试验操作步骤的第(4)步操作过程,快剪试验的剪切速度为 0.8 mm/min,其余试验步骤与慢剪试验相同。

(四)成果整理

(1)剪应力按式(10-2)计算:

$$\tau = \frac{CR}{A_0} \times 10 \tag{10-2}$$

式中 τ——剪应力,精确至 0.1 kPa;

C——测力计率定系数,N/0.01 mm;

R——测力计读数,精确至 0.01 mm;

A_0——试样初始的面积,cm^2;

10——单位换算系数。

(2)以剪应力 τ 为纵坐标,剪切位移 Δl 为横坐标,绘制 $\tau-\Delta l$ 的关系曲线,如图 10-2 所示。

(3)以垂直压力 p 为横坐标,抗剪强度 S 为纵坐标,将每一试样的抗剪强度点绘在坐标纸上,并连成一直线。此直线的倾角为内摩擦角,纵坐标上的截距为黏聚力 c,如图 10-3 所示。

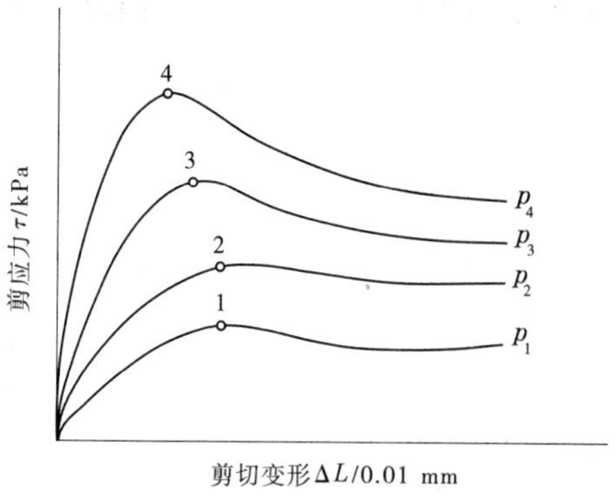

图 10-2　剪应力 τ 与剪切位移 ΔL 的关系曲线

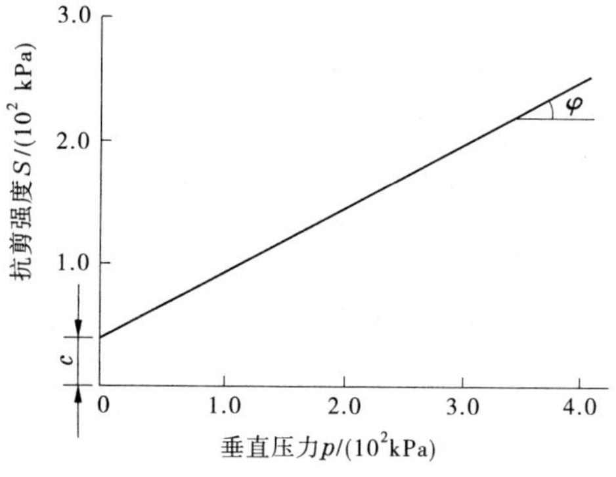

图 10-3　抗剪强度与垂直压力的关系曲线

(五)试验记录

直接剪切试验记录格式如表 10-1 和表 10-2 所示。

表 10-1　直接剪切试验记录格式(一)

工程名称:____________　　土样编号:____________　　土粒比重:____________

试验者:____________　　校核者:____________　　试验日期:____________

试样编号			1			2			3			4			5		
			起始	饱和后	剪后	起始	饱和后	剪后	起始	饱和后	剪后	起始	饱和后	剪后	起始	饱和后	剪后
湿密度 ρ/(g/cm³)	(1)	(1)															
含水率 ω/%	(2)	(2)															
干密度 ρ_d/(g/cm³)	(3)	$\frac{(1)}{1+(2)}$															
孔隙比 e	(4)	$\frac{10G_s}{(3)}-1$															
饱和度 S_r/%	(5)	$\frac{G_s(2)}{(4)}$															

表 10-2　直接剪切试验记录格式(二)

工程名称:____________　　土样编号:____________　　试验方法:____________

试验者:____________　　校核者:____________　　试验日期:____________

试样编号________　　仪器编号________　　剪切前固结时间________　　剪切历时________

手轮转速________　　垂直压力________　　剪切前压缩量________　　抗剪强度________ kPa

测力计率定系数 C=____________ N/0.01 mm

手轮转数	测力计百分表读数/(0.01 mm)	剪切位移/(0.01 mm)	剪应力/kPa	垂直位移/(0.01 mm)
(1)	(2)	(3)=(1)×20-(2)	$(4)=\frac{(2)\times C}{A_0}\times 10$	

第十一章 三轴压缩试验

一、基本知识

三轴压缩试验又称三轴剪切试验，是测定土的抗剪强度指标 c 和 φ 的精密方法，是试样在某一固定周围压力下，逐渐增大轴向压力，直至试样破坏的一种抗剪强度试验。

三轴压缩试验可以分为不固结不排水试验、固结不排水试验、固结排水试验三种类型。

二、不固结不排水试验

（1）不固结不排水（UU）试验是在施加周围压力和增加轴向压力直至破坏过程中均不允许试样排水。

（2）本试验适用于测定细粒土和砂类土的总抗剪强度参数 c_u、φ_u。

（一）仪器设备

（1）三轴压缩仪：应变控制式（见图 11-1），由周围压力系统、反压力系统、孔隙水压力量测系统和主机组成。

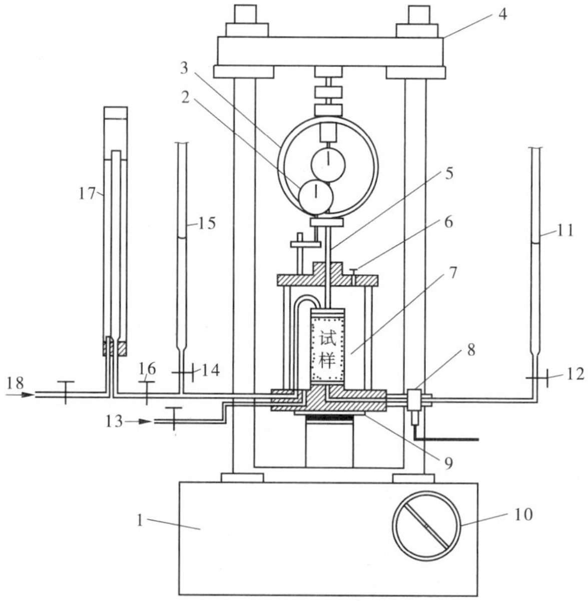

1—试验机；2—轴向位移计；3—轴向测力计；4—试验机横梁；5—活塞；6—排气孔；7—压力室；8—孔隙压力传感器；9—升降台；10—手轮；11—排水管；12、14—排水管阀；13—周围压力；15—量水管；16—体变管阀；17—体变管；18—反压力。

图 11-1 应变控制式三轴压缩仪示意

（2）附属设备：击实器（见图 11-2）、饱和器（见图 11-3）、切土盘（见图 11-4）、切土器（见图 11-5）、原状土分样器（见图 11-6）、承膜筒（见图 11-7）及对开圆模（见图 11-8）。

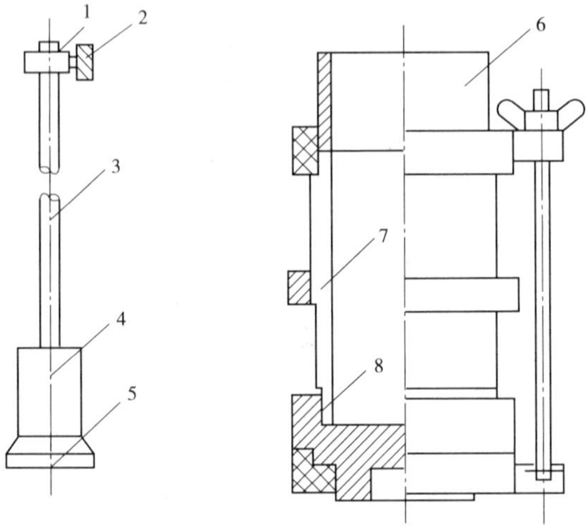

1—套环；2—定位螺丝；3—导杆；4—击锤；
5—底板；6—套筒；7—饱和器；8—底板。

图 11-2　击实器

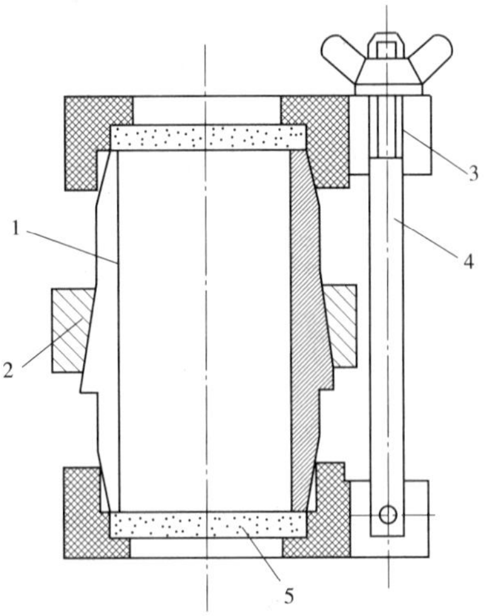

1—土样筒；2—紧箍；3—夹板；4—拉杆；5—透水石。

图 11-3　饱和器

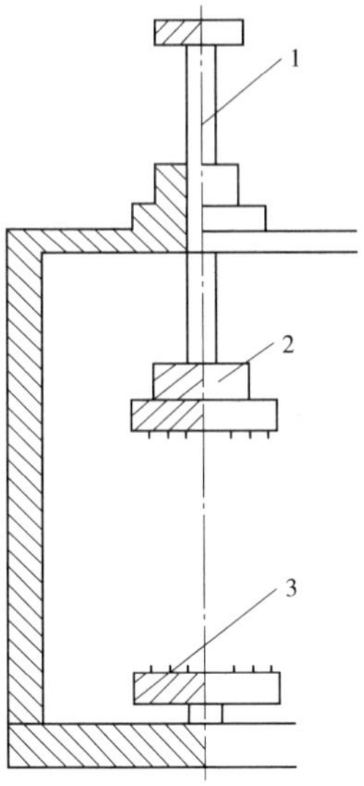

1—转盘；2—上盘；3—下盘。

图 11-4　切土盘

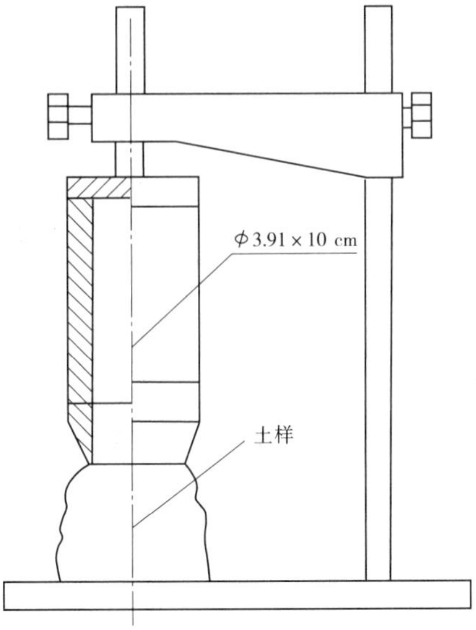

图 11-5　切土器

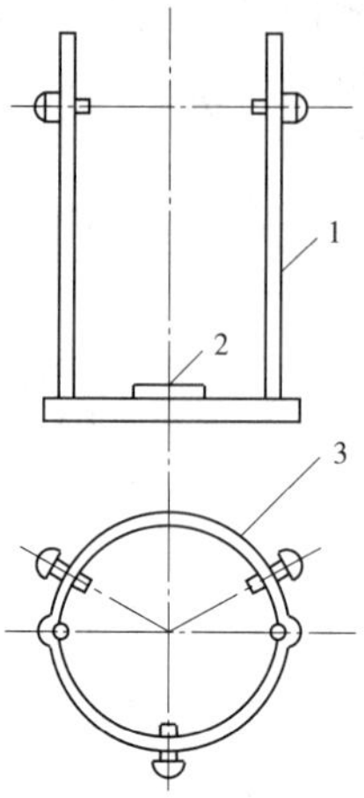

1—滑杆;2—底座;3—钢丝架。

图 11-6 原状土分样器

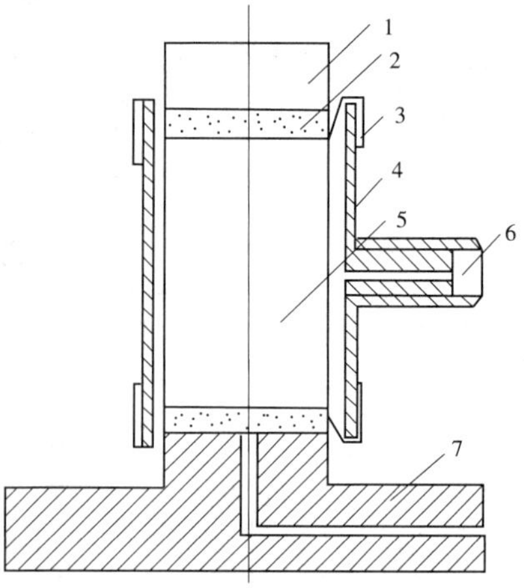

1—上帽;2—透水石;3—橡皮膜;4—承膜筒;
5—试样;6—吸气孔;7—三轴仪底座。

图 11-7 承膜筒

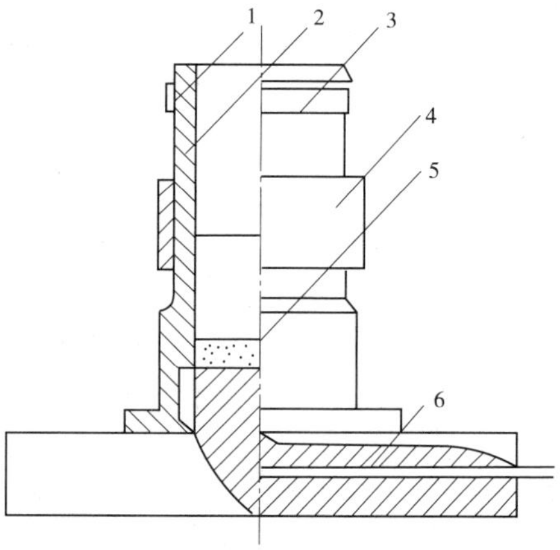

1—橡皮膜;2—制样圆模;3—橡皮圈;4—圆箍;5—透水石;6—仪器底座。

图 11-8 对开圆模

(3)百分表:量程 3 cm。

(4)天平:感量 0.01 g。

(5)橡皮膜:应具有弹性,厚度应小于橡皮膜直径的 1/100,不得有漏气孔。

(二)仪器检查

(1)周围压力的测量精度为满量程的 1%,测读分值为 5 kPa。

(2)孔隙水压力系统内的气泡应完全排除。系统内的气泡可用纯水施加压力使气泡上升至试样顶部沿底座溢出,测量系统的体积因数应小于 1.5×10^{-5} cm^3/kPa。

(3)管路应畅通,活塞应能滑动,各连接处应无漏气。

(4)橡皮膜在使用前应仔细检查,方法是在膜内充气,扎紧两端,然后在水下检查有无漏气。

(三)试样制备

(1)本试验需 3~4 个试样,分别在不同周围压力下进行试验。

(2)试样尺寸:最小直径为 35 mm,最大直径为 101 mm,试样高度宜为试样直径的 2~2.5 倍,试样的最大粒径应符合表 11-1 的规定。对于有裂缝、软弱面和构造面的试样,试样直径宜大于 60 mm。

表 11-1　试样的土粒最大粒径

试样直径 ϕ/mm	允许最大粒径/mm
$\phi<100$	试样直径的 1/10
$\phi\geq100$	试样直径的 1/5

(3)原状土试样制备:根据土样的软硬程度,分别用切土盘和切土器按(2)的规定切成圆柱形试样,试样两端应平整,并垂直于试样轴。当试样侧面或端部有小石子或凹坑时,允许用削下的余土修整,试样切削时应避免扰动,并取余土测定试样的含水率。

(4)扰动土试样制备:根据预定的干密度和含水率,按试验规定备样后,在击实器内分层击实,粉质土宜为 3~5 层,黏质土宜为 5~8 层,各层土样数量相等,各层接触面应刨毛。

(5)对于砂类土,应先在压力室底座上依次放上不透水板、橡皮膜和对开圆模。将砂料填入对开圆模内,分三层按预定干密度击实。当制备饱和试样时,在对开圆模内注入纯水至 1/3 高度,将煮沸的砂料分三层填入,达到预定高度。放上不透水板、试样帽、扎紧橡皮膜。对试样内部施加 5 kPa 负压力,使试样能站立,拆除对开模。

(6)对制备好的试样,量测其直径和高度。试样的平均直径 D_0 按式(11-1)计算:

$$D_0=\frac{D_1+2D_2+D_3}{4} \tag{11-1}$$

式中　D_0——试样的平均直径,精确至 0.1 mm。

D_1、D_2、D_3——试样上、中、下部位的直径,mm。

(四)试样饱和

1. 抽气饱和

按试样制备相关规定进行。

2. 水头饱和

将试样装于压力室内,施加 20 kPa 周围压力。水头高出试样顶部 1 m,使纯水从底部进入试样,从试样顶部溢出,直至流入水量和溢出水量相等。当需要提高试样的饱和度时,宜在水头饱和前,从底部将二氧化碳气体通入试样,置换孔隙中的空气,再进行水头饱和。

3. 反压力饱和

试样要求完全饱和时，应对试样施加反压力。反压力系统与周围压力相同，但应用双层体变管代替排水量管。试样装好后，调节孔隙水压力等于 101. 325 kPa（大气压力），关闭孔隙水压力阀、反压力阀、体变管阀，测记体变管读数。开周围压力阀，对试样施加 10～20 kPa 的周围压力，开孔隙压力阀，待孔隙压力变化稳定，测记读数。关孔隙压力阀。开体变管阀和反压力阀，同时施加周围压力和反压力，每级增量 30 kPa，缓慢打开空孔压力阀，检查孔隙水压力增量，待孔隙水压力稳定后测记孔隙水压力和体变管读数，再施加下一级周围压力和反压力。每施加一级压力都测定孔隙水压力。当孔隙水压力增量与周围压力增量之比 $\Delta u/\Delta\sigma_3>0.98$ 时，认为试样达到饱和。

（五）试验步骤

（1）在压力室底座上依次放上不透水板、试样及试样帽，将橡皮膜套在试样外，并将橡皮膜两端与底座入试样帽分别扎紧。

（2）装上压力室罩，向压力室内注满纯水，关排气阀，压力室内不应有残留气泡，并将活塞对准测力计和试样顶部。

（3）关排水阀，开周围压力阀，施加周围压力，周围压力值应与工程实际荷载相适应，最大一级周围压力应与最大实际荷载大致相等。

（4）转动手轮，使试样帽与活塞及测力计接触，装上变形百分表，将测力计和变形百分表读数调至零位。

（六）试样剪切

（1）剪切应变速率宜使试样轴向应变在每分钟 0. 5%～1%。

（2）开动马达，接上离合器，开始剪切。试样每产生 0. 3%～0. 4%的轴向应变，测记一次测力计读数和轴向应变。当轴向应变大于 3%时，每隔 0. 7%～0. 8%的应变值测记一次读数。

（3）当测力计读数出现峰值时，剪切应继续进行至超过 5%的轴向应变。当测力计读数无峰值时，剪切应进行到轴向应变为 15%～20%。

（4）试验结束后，先关闭周围压力阀，关闭马达，拨开离合器。倒转手轮，然后打开排气孔，排除受压室内的水，拆除试样，描述试样破坏形状，称试样质量，并测定含水率。

（七）结果整理

（1）轴向应变按式（11-2）计算：

$$\varepsilon_1=\frac{\Delta h_i}{h_0} \tag{11-2}$$

式中 ε_1——轴向应变值（%）；

Δh_i——剪切过程中的高度变化，mm；

h_0——试样初始高度，mm。

（2）试样面积的校正按式（11-3）计算：

$$A_a=\frac{A_0}{1-\varepsilon_1} \tag{11-3}$$

式中 A_a——试样的校正断面面积，cm^2；

A_0——试样的初始断面面积，cm^2。

(3)主应力差按式(11-4)计算：

$$\sigma_1 - \sigma_3 = \frac{CR}{A_a} \times 10 \tag{11-4}$$

式中　σ_1——大主应力，kPa；

σ_3——小主应力，kPa；

C——测力计率定系数，N/0.01 mm；

R——测力计读数，精确至0.01 mm。

(4)轴向应变与主应力差的关系曲线应在直角坐标纸上绘制。

以($\sigma_1 - \sigma_3$)的峰值为破坏点，无峰值时，取15%轴向应变时的主应力差值作为破坏点。以法向应力为横坐标、剪应力为纵坐标时，在横坐标上以$\frac{\sigma_{1f}+\sigma_{3f}}{2}$为圆心、$\frac{\sigma_{1f}-\sigma_{3f}}{2}$为半径($f$注脚表示破坏)，在$\tau$-$\sigma$应力平面图上绘制破损应力圆，并绘制不同周围压力下破损应力圆的包线。求出不排水强度参数(见图11-9)。

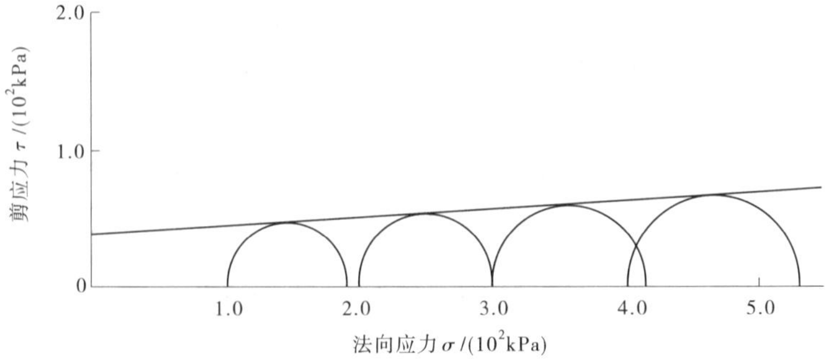

图11-9　不固结不排水剪强度包线

(八)试验记录

三轴压缩试验记录格式如表11-2~表11-4所示。

三、固结不排水试验

(1)固结不排水(CU或$\overline{CU}$)试验是使试样先在某一周围压力作用下排水固结，然后在保持不排水的情况下，增加轴向压力直至破坏。

(2)本试验适用于测定细粒土和砂类土的总抗剪强度参数c_{cu}、φ_{cu}，有效抗剪强度参数c'、φ'和孔隙压力系数。

(一)仪器设备

固结不排水试验所用的主要仪器设备、试验前仪器检查，以及试样制备、试样饱和按不固结不排水试验相关规定进行。

表 11-2　三轴压缩试验记录格式(一)

工程名称:____________　　土样编号:____________　　土样说明:____________

试验方法:____________　　试验者:____________　　试验日期:____________

试样状态记录				周围压力/kPa	
	初始的	固结后	剪切后	反压力 u_0/kPa	
直径 D/cm				周围压力下的孔隙水压力	
高度 h_L/cm				孔隙水压力系数 $B=\dfrac{u}{\sigma_3}$	
面积 A/cm^2					
体积 V/cm^3				破坏应变 ε_f/%	
质量 m/g				破坏主应力差$(\sigma_1-\sigma_3)_f$/kPa	
密度/(g/cm^3)				破坏大主应力 σ_{1f}	
干密度 ρ_d/(g/cm^3)				破坏孔隙水压力系数 $\bar{B}_f=\dfrac{u_f}{\sigma_{1f}}$	
试样含水率记录					
	初始的		剪切后	相应的有效大主应力 σ'_1/kPa	
盒号				相应的有效小主应力 σ'_3/kPa	
盒质量/g				最大有效主应力比 $\left[\dfrac{\sigma'_1}{\sigma'_3}\right]_{max}$	
盒+湿土质量/g					
湿土质量/g				破坏点选值准则 $\left[\dfrac{\sigma'_1}{\sigma'_3}\right]_{max}$	
盒+干土质量/g					
干土质量/g				孔隙水压力系数 $A_f=\dfrac{u_f}{B(\sigma_1-\sigma_3)_f}$	
水质量/g					
饱和度 S_r				试样破坏情况描述	
含水率					

表 11-3 三轴压缩试验记录格式(二)(反压力和固结过程)

土样编号:__________ 试验者:__________ 校核者:__________

固结周围压力:__________ 计算者:__________ 试验日期:__________

加反压力过程							说明	固结过程						
时间/min	周围压力 σ_3/kPa	反压力 u_0/kPa	孔隙水压力 u/kPa	孔隙水压力增量 Δu/kPa	试验体积变化			时间/min	排水量管		孔隙水压力		体积变化管	
					读数/cm^3	体变量/cm^3			读数	排水量	读数/kPa	压力值/kPa	读数/cm^3	体积变量/cm^3

注:1. 体积变量(-)号表示排水,(+)号表示吸水。

2. 本试验因加反压力,故固结时不用排水量管。

点。以法向应力为横坐标、剪应力为纵坐标,在横坐标上以 $\frac{\sigma_{1f}+\sigma_{3f}}{2}$ 为圆心、$\frac{\sigma_{1f}-\sigma_{3f}}{2}$ 为半径(f 注脚表示破坏),在 τ-σ 应力平面图上绘制破损应力圆,并绘制不同周围压力下破损应力圆的包线。求出不排水强度参数(见图 11-14)。

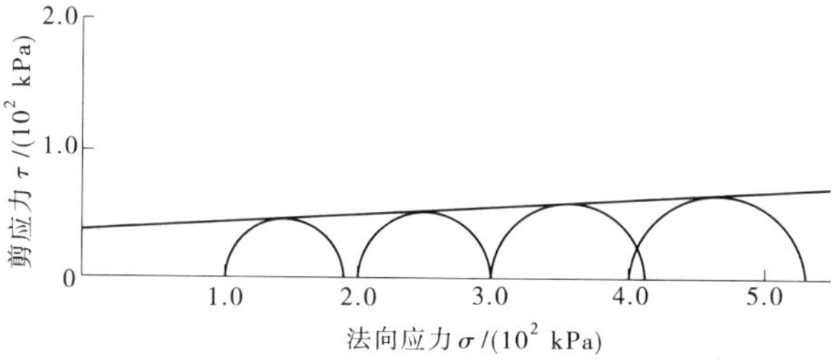

图 11-14　固结不排水剪强度包线

(12)有效内摩擦角和有效黏聚力,应以 $\frac{\sigma'_{1f}+\sigma'_{3f}}{2}$ 为圆心、$\frac{\sigma'_{1f}-\sigma'_{3f}}{2}$ 为半径绘制有效破损应力圆确定(见图 11-15)。

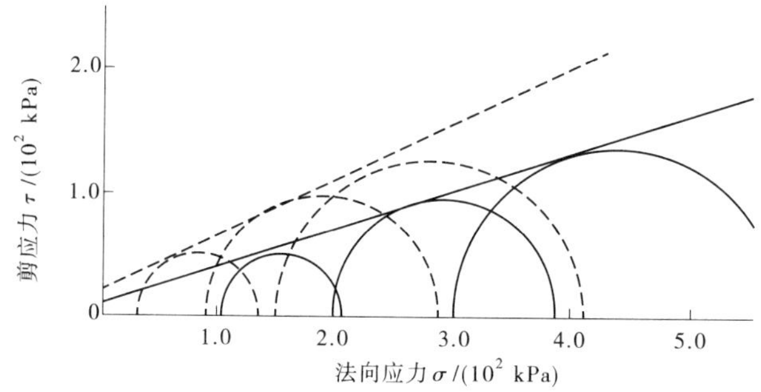

图 11-15　固结不排水剪强度包线

(六)试验记录

固结不排水试验记录格式同不固结不排水试验中的表 11-2~表 11-4。

四、固结排水试验

(1)固结排水试验(CD)是使试样先在某一周围压力作用下排水固结,然后在允许试样充分排水的情况下增加轴向压力直至破坏。

(2)本试验适用于测定细粒土和砂类土的抗剪强度参数 c_d、φ_d。

(一)仪器设备

固结不排水试验所用的主要仪器设备、试验前仪器检查以及试样制备、试样饱和按不固结不排水试验相关规定进行。

(二)试样安装

试样的安装、固结和剪切,应按不固结不排水试验第(五)条、第(六)条的相应规定进行。在剪切过程中应使排水阀处于打开状态并保证不产生明显的孔隙水应力,根据土体渗透系数大小，剪切速率采用每分钟应变0.003%~0.012%。

(三)结果整理

(1)试样固结后的高度和面积应按固结不排水试验结果整理中的第(1)、(2)条的相应公式计算。

(2)剪切时试样的校正面积按式(11-18)计算：

$$A_a = \frac{V_c - \Delta V_i}{h_c - \Delta h_i} \tag{11-18}$$

式中　A_a——剪切时试样的校正面积，cm^2；

V_c——试样固结后的体积，cm^3；

ΔV_i——剪切过程中试样的体积变化，cm^3；

h_c——试样固结后的高度，cm；

Δh_i——剪切过程中试样的高度变化，cm。

(3)主应力差应按固结不排水试验结果整理的第(4)条计算。

(4)有效主应力比和孔隙水压力系数按固结不排水试验的相应公式计算。

(5)轴向应变与主应力差的关系曲线，以及轴向应变与主应力比的关系曲线应按固结不排水试验的规定绘制。

(6)破损应力圆按图11-16绘制。

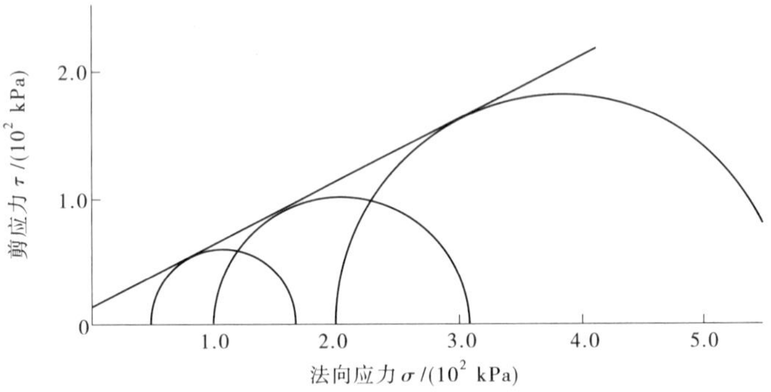

图11-16　固结排水强度包线

(四)试验记录

固结排水试验记录格式同不固结不排水试验中的表11-2~表11-4。